当代区域经济协调发展理论及战略实施

程　博　著

中国纺织出版社

内容简介

中国社会经济发展的不平衡是历史遗留问题，面对这样的挑战，党和政府想尽办法发展中国社会经济奋斗，带领大众努力奔向理想的小康社会。本书基于当前社会经济发展不平衡的大背景，对区域协调发展理论及战略实施进行深入探讨，主要内容包括区域协调发展的概念与理论构建、区域经济发展的背景与基本格局、我国区域协调发展的现状与新局面以及所存在的问题、生态文明建设与区域经济协调发展于战略等。

图书在版编目（CIP）数据

当代区域经济协调发展理论及战略实施 / 程博著
. －－北京：中国纺织出版社，2019.4 （2020.5.重印）
ISBN 978－7－5180－4604－1

Ⅰ. ①当… Ⅱ. ①程… Ⅲ. ①区域经济发展－协调发展－研究－中国 Ⅳ. ①F127

中国版本图书馆 CIP 数据核字(2018)第014768号

责任编辑：武洋洋　　　　责任印制：储志伟

中国纺织出版社出版发行
地址：北京市朝阳区百子湾东里 A407 号楼　　邮政编码：100124
销售电话：010－67004422　传真：010－87155801
http：//www. c－textilep. com
E－mail：faxing@ c－textilep. com
中国纺织出版社天猫旗舰店
官方微博 http：//www. weibo. com/2119887771
北京虎彩文化传播有限公司印制　各地新华书店经销
2019 年 4 月第 1 版　2020 年 5 月第 8 次印刷
开本：710×1000　1/16　印张：10.75
字数：200 千字　定价：55.00 元

前　言

四十年前，我国国民经济发展与当时的欧美国家相比相去甚远，人民生活水平低下，在温饱线上挣扎。为了改变中国大地贫穷落后的面貌，我国实施了改革开放政策。经过四十年的发展，我国国家经济总量和人民生活水平有了翻天覆地的变化——经济飞速增长，社会各个产业仿佛注入活水一样充满活力，各行各业蓬勃发展。中国大地经历了令世界瞩目的变化，我国的GDP现已跃居世界第二，综合国力不断增强，经济实力不断提升，人民生活水平不断提高。随着改革开放的不断推进，东南部沿海地区经济已经实现了高速发展，但西部地区发展滞后，东西部差距拉大，城乡差距明显，贫富差距也随之加大，区域间经济发展的不平衡问题凸显。

为了促进区域间的协调发展，近年来，党中央推出了一系列具有针对性的发展战略。在实施西部大开发战略的同时，国家先后实施了振兴东北等老工业基地、促进中部崛起、东部率先发展等重大战略举措，成为中国统筹区域发展、构建社会主义和谐社会的主要着眼点和落脚点。随着城市化的快速推进和区域协调发展战略的实施，在中央大规模资金投入和优惠政策的推动下，我国区域经济格局将发生比较明显的变化，虽然未来一段时期东西部地区经济差距有可能继续扩大，但各区域人均收入差距可望缩小；长江三角洲、珠江三角洲和京津冀三大城市群将继续主导中国经济发展，但经济重心向北转移的趋势有望成为现实，广义的环渤海地区的重化工业将成为中国经济的重要支撑。

基于此背景，笔者撰写了《当代区域经济协调发展理论及战略实施》一书，立足中国实际，将中外区域经济理论与中国的探索、实践紧密结合，多角度论述、分析了区域经济发展的诸多问题，力求为中国区域经济协调发展的相关理论发展、政策实施略尽绵薄之力，为广大读者起到一个抛砖引玉的作用。

本书内容共分为五章。第一章概述部分分别从区域经济协调发展概念、中国区域经济的协调发展、区域经济协调发展的理论构建以及区域经济不协调发展与抑制区域经济协调发展的因素等方面展开论述；第二章阐述区域经济协调发展的背景与基本格局，具体可将其分为区域经济协调发展的背景和区域经济协调发展的基本格局两部分；第三章的内容为我国区域经济协调发展的现状与新局面，从我国区域经济协调发展的现状、我国区域经济协调发展过程中面临并亟待解决的问题、我国区域经济协调发展的新局面以及我国区域经济协调发展在社会资本视角下的理论重建等方面来论述；第四章不同前提下的区域经济发展战略可以细分为“效率”与“公平”前提、“重点区域、质量发展”前提、“优劣互补、带头发展”前提以及“社会服务均等化”前提四部分；第五章主要是对生态文明建设与区域经济协调发展及战略展开分析，可分为生态文明的区域经济协调发展概念与内容、生态文明的区域经济协调发展理论与战略构建、区域经济范围内工业发展与社会综合利益的协调发展以及生态文明的区域经济协调发展政策四部分。

本书在撰写过程中吸收了相关学者对区域经济协调发展的理论与实践研究成果。由于水平及时间、精力有限，本书撰写虽力求完美，仍然存在疏漏与不足之处，望专家学者与广大读者批评指正。

作者

2018 年 11 月

目　录

第一章　区域经济协调发展概述

自从中华人民共和国成立以后，我国的经济发展得非常快，引起了世界各国的注意。我国幅员广大，各个地区所具备的自然条件和基础条件不同，多种因素决定了区域经济发展的重心向东南沿海集聚，珠江三角洲、长江三角洲、京津冀城市群经济迅速发展，成为支撑国家经济增长的密集区，亦成为带动近些年来中国经济增长的主要驱动力量。根据统计数据来看，可以预测，到2020年，国家GDP总量的2/3将会由三大城市群产生，它们分别是占我国国土面积3%的长三角城市群、京津冀城市群和珠三角城市群，从而形成具有全球意义的三大组团式城市群和国家财富积聚的战略载体。但与此同时，我国其他地区在资源、环境、投资、产业发展及政策方面与东南部沿海地区经济发展存在巨大差距，导致我国区域发展呈现出不协调、不平衡的状况。尤其是在经济转型和内需亟待扩大的背景下，关于区域经济的不协调发展和结构失衡这两大现状更加需要引起社会各界的关注。

本章内容分为区域经济协调发展概念、中国区域经济的协调发展、区域经济协调发展的理论构建和区域经济不协调发展与抑制区域经济协调发展的因素四部分，接下来将围绕这四部分展开论述。

第一节　区域经济协调发展概念

关于区域经济协调发展概念，主要分为四个方面，也就是概念界定、概念延伸、区域均衡发展理论和非均衡发展理论。

一、概念界定

所谓的区域经济协调发展，指的是由经济、自然和社会等各系统构成的整体它们之间的全面发展，在发展的过程中要使每一组成部分的优势和潜力得到充分的发展，各个组成部分之间相互配合，使整体的功能得到充分的发挥。

针对区域经济协调发展的内涵这个问题，不一样的学者有着不一样的理解。如下按照时间顺序，分别介绍不同学者关于区域经济协调的理解。

（一）1955 年

胡乃武和一些著名的学者认为要想区域经济能够得到协调发展，各个区域的组成部分都要具备一些比较强的自己发展自己区域的能力和一些有可能被发展的能力，并且各区间的各个组成部分还必须能够满足一定的要求，那就是遵循市场经济的秩序使其能够自由流动，只有这样，才能够实现各个区域间的横向经济联合。

（二）1977 年

（1）针对区域经济协调发展的内涵这个问题，覃成林认为各个区域之间必须满足这样的条件：在经济交往上越来越紧密；在相互依赖程度上越来越加深；在发展上要有一定的联系和互相帮助。这样一来才能使区域经济的各个组成部分得到持续的发展。

（2）针对区域经济协调发展的内涵这个问题，陆大道认为各区间的各个组成部分发挥各自优势和产业分工基础上的互补与合作是区域经济协调发展的基础，并慢慢地使其成立一体化的经济合作机制，这是区域经济协调发展的高级形式。

（三）2003 年

针对区域经济协调发展的内涵这个问题，孙丽文、金浩和其他一些著名学者认为，“协调”是区域经济协调发展的关键，“效率”是区域经济协调发展的中心，要想实现“效率”就必须大力发展“协调”。

（四）2007 年

针对区域经济协调发展的内涵这个问题，王琴梅和一些著名的学者认为其实质就是“效率”与“公平”，通过实现区域利益的“分享式改进”，最终实现各区域的共同富裕。

（五）2008 年

针对区域经济协调发展的内涵这个问题，陈秀山和一些著名的学者认为一定要实现两个“统一”。第一个“统一”：在区域经济协调发展的过程中，实现宏观（空间）经济效率与区域公平的统一；第二个“统一”：

在区域经济协调发展关于区域的协调关系中，实现区域合作与区域竞争的统一。

（六）2012 年

针对区域经济协调发展的内涵这个问题，范恒山和一些著名的学者认为，就是使得与发展有关的各个组成部分得到均衡和协调地发展，使各个组成部分的优势和潜力得到充分的发挥，并且使各个与发展有关的组成部分对于其他部分的要求都要满足，从而可以使整体功能得到充分发挥，最终实现经济社会持续、均衡、健康、发展。

二、概念延伸

随着时间的不断发展，社会发展问题和环境保护问题越来越受到重视，与此同时，区域经济协调发展的概念也需要延伸。

针对区域经济协调发展的概念延伸这个问题，学者们有着不一样的补充。如下按照时间顺序，分别介绍不同学者关于区域经济协调概念的延伸内容。

（一）2007 年

张可云认为，在关于区域经济协调发展原来概念的基础上，又增添了一部分新的内容。也就是在区域经济协调发展过程中使原来不均衡的发展转变为相对平衡的发展过程和动态协调的发展过程；各个组成部分之间的和谐发展是协调发展战略的最终目标，和谐社会有很多重要的内容，而区域和谐就是其中的一种。

郝寿义认为，区域经济协调发展概念在原来的基础上又增添了一部分新的内容。即区域经济协调发展指的是，对于不同区域来说，一定要根据各自的优势和不足，把不同条件下的开放模式确定下来，从而合理地安排工作任务，在发展的同时，政府也要参与其中，进行一定的调控，从而使得各个区域间的发展条件之间的差距控制在合理的范围之内，人民生活水平的差距也控制在合理的范围之内，人与自然之间发展状态始终是和谐的。

（二）2008 年

杜鹰认为，在关于区域经济协调发展原来概念的基础上，又增添了一部分新的内容——两个和谐状态。第一个和谐状态指的是人与自然的和谐发展，第二个和谐状态就是经济与环境的和谐发展。

（三）2011 年

潘文轩认为，在关于区域经济协调发展原来概念的基础上，又增添了一部分新的内容——两个和谐。第一个和谐是经济发展和社会发展之间的协调；第二个和谐是经济发展中人与自然之间的和谐。这两个和谐都是区域经济协调发展的重要组成内容。

范恒山认为，新的区域经济协调发展的概念应该是由五个部分组成。具体如下。

第一个部分是应该把各地区人均生产总值差距控制在适度范围内。

第二个部分是各地区群众能够享受到均等化的基本公共服务。

第三个部分是关于区域经济协调发展的各个部分的优势和潜能都能够得到合理有效的发挥。

第四个部分是关于区域经济协调发展的各个部分在不同地区之间形成优势互补、互利共赢的良性互动机制。

第五个部分是关于区域经济协调发展的各个部分在不同地区人与自然都要和谐的发展。

姜文仙认为，关于区域经济协调发展的新的概念应该是这样的：区域经济协调发展其实就是一种过程和状态，其过程就是不同的区域在区域系统中相互作用和相互影响，最终使得各个区域的经济都能够共同进步的这一状态。也就是在共同追求利益的过程中，某些区域之间的利益发生冲突，然后想办法化解这一矛盾，矛盾化解之后，继续发展经济，在发展的过程中就会发现新的问题，那就继续想办法来化解这个新的问题……就是一个周而复始的过程。在这个区域经济协调发展的过程中，要同时满足两个条件，一个是要确保各个区域的经济利益总体上都在增加；另一个是不能站在其他区域经济的头上来谋取某个区域的利益。

三、区域均衡发展理论

区域经济协调发展的方式是均衡发展或平衡增长。通过引进发展经济学的有关理论并不断使其发展，最终形成区域经济均衡发展理论。

（一）罗森斯坦—罗丹的大推进理论

区域经济均衡发展理论是由经济学家罗森斯坦—罗丹（Rosenstein - Rodan）提出的。为了促进国民经济各部门的平均增长，罗森斯坦—罗丹

(Rosenstein－Rodan) 主张在发展中国家对这些部门进行大规模投资的时候，地区也要对这些部门进行大规模投资，从而使得经济能够得到快速而又全面的增长。不管区域经济均衡发展理论的论据还是区域经济均衡发展理论基础都是在生产函数、需求、储蓄供给三个“不可分性”上面建立起来的。

“对于由地区市场过于狭小、投资有效需求不足和资本供给不足带来的双重发展障碍都要给予解决，发展中国家必须全面地、大规模地进行投资，从而可以给经济一次大的推动，最终使得整个国民经济的全面、均衡、快速发展被推动，使发展中国家走出贫困的恶性循环。”这是区域经济均衡发展理论的核心思想。

(二) 纳克斯的贫困恶性循环理论

贫困恶性循环理论是由美国经济学家 R. 纳克斯 (R. Nurkse) 于 1953 提出的。他认为，国内资源不足并不是导致发展中国家长期贫困的原因，真正导致发展中国家长期贫困的原因是经济中存在若干互相联系、互相作用的“恶性循环系列”。

对于贫困恶性循环理论的解说，可以从两个方面说起，即供给方面和需求方面。具体如下。

从供给方面来看，资本形成有一个恶性循环。由于发展中国家每个人的平均收入水平比较低，收入水平低也就等同于储蓄能力低，储蓄能力低从而使得资本形成不足，资本形成不足又使得生产规模没有办法扩大，生产规模没有办法扩大也就使得生产率没有办法提高，生产率没有办法提高就会导致生产率比较低，生产率比较低就会造成产出比较低，产出比较低就会造成收入比较低，这样周而复始形成一个恶性循环。

从需求方面来看，资本形成同样也是一个恶性循环。发展中国家的收入比较低也就使得其购买能力比较低，低购买力从而使得投资引诱不足，投资引诱不足就会使资本形成不足的问题，资本形成不足使得生产规模没有办法扩大，生产规模没有办法扩大也就使得生产率没有办法提高，生产率没有办法提高就会导致生产率比较低，生产率比较低就会造成产出比较低，产出比较低就会造成收入比较低，这样周而复始形成一个恶性循环。

供给方面形成的恶性循环和需求方面形成的恶性循环两者之间相互影响，从而使得经济状况没有办法得到好转，最终使经济得到增长是很难实现的。

四、非均衡发展理论

本书关于非均衡发展理论主要包括佩鲁的增长极理论、区域经济梯度推移理论、循环累积因果论和核心区—边缘区理论。

（一）佩鲁的增长极理论

第一个提出增长极理论的是法国经济学家弗朗索斯·佩鲁（Francois Perroux）（1950 年）。弗朗索斯·佩鲁所说的增长极，指的是在某些时期在经济空间中起到支配和推动作用的经济部门（产业）。增长极是把推进型的主导工业部门作为中心而形成一组不但有活力而且是高度联合的产业，它具有两个方面的功效，一方面是经济可以增长的很快，另一方面是可以凭借着乘数效应来带动其他部门经济的增长。因此，增长极至少涵盖三层意思：第一层是为其他部门的经济起到带动作用的产业或企业；第二层是指在地理位置上的优越，也就是优越的地区；第三层是经济意义上和地理意义上的拥有推进型产业的城市。随着增长极理论的提出，很多国家都得到了不少的好处，许多国家把眼光放在某些城市与其周围地区有些联系位置上来看，把增长极当作是怎样加快区域经济发展的战略，特别是一些落后地区为了使其区域的经济得到增长，就会被许多国家用来解决不同的区域发展和规划问题。

（二）区域经济梯度推移理论

区域经济梯度推移理论的基础是由美国学者拉坦·弗农（Ruttan Vernon）和一些著名的学者提出的关于工业生产的产品生命周期的理论。他们认为，工业各部门以及各种工业产品都处在不同的生命周期循环阶段上，而一个工业部门又由四个阶段组成，也就是创新、发展、成熟、衰老。任何工业革命的发展都离不开这四个阶段。区域经济学者把该理论引入到区域经济学中，提出了区域经济梯度转移理论，认为一个产业结构的好坏决定着区域经济的盛衰，并且区域主导产业部门在工业生命循环中所处阶段也是由产业结构的好坏决定的。如果一个地区正在处于创新和发展的时候来发展其经济，在经济发展的过程中就会以一种快速增长的速度保持一段时间，那么这个区域就是高梯度地区；如果一个地区正在处于成熟和衰老的时候来发展其经济，在经济发展的过程中就会以经济不增长或经济减少的情形保持一段时间，那么这个区域就是低梯度地区。

（三）循环累积因果论

循环累积因果论起源于1957年的诺贝尔奖获得者缪尔达尔（G. Myrdal,）提出的“地理上的二元经济”结构（geographical dual economy）理论。“地理上的二元经济”结构理论后来通过卡尔多和一些著名的学者不断的发展并且使其更加详细具体而形成了今天的循环累积因果论。“地理上的二元经济”结构理论认为，某些地区由于受外部因素的作用，使其经济增长速度比其他地区经济增长的速度都要快，这样导致的后果就是各个区域经济的发展不平衡。这种不平衡的发展就会导致“累积性因果循环”这样不好的结果，也就是那些发达的地区发展的速度是比较快的，其经济增长也是快速的，不发达的地区发展的速度就会比较慢，其经济增长也是缓慢的，用不了多长时间，那些发达地区和不发达地区之间就会形成这样的极化现象，富裕的更加富有，贫穷的更加贫穷，贫富之间的差距很大，最后的结果就是地区之间有两种结构。

因此，为了使地区之间不出现两种结构的情形，那些不发达地区的政府应该想办法来使自己地区的经济得到不断的发展，可以赶得上发达地区经济增长的步伐，从而使得自己地区的经济与那些发达地区的经济相差的不是太远，甚至是一样的。为此，这个理论提出了两个大的效应，一个是是回流效应，另一个是扩散效应。到底什么是回流效应呢？指的是落后地区的一些生产要素，会受到发达地区的生产要素的影响，会主动地转移给发达地区，这样一来就会使不发达地区的生产要素不完善，其经济发展就会更加的缓慢。到底什么是扩散效应呢？指的是发达地区的经济增长到一定的水平，不需要加速增长了，其地区的一些生产要素就会向不发达地区转移，从而使得不发达地区的生产要素比较充足，最终使其经济得到不断的发展。

（四）核心区—边缘区理论

核心区—边缘区理论是在1958年由美国经济学家A. 赫希曼提出的。核心区—边缘区理论认为，在一个地区或国家的所有地方不会同时出现经济发展，但是如果在一个地区或国家的某个地方出现了经济增长，在巨大的集聚经济效应作用下，要素将向该地区集聚，该地区经济增长加速，最终使得该地方的收入水平比其他地方的收入水平有了明显的提高，高水平收入的地方成了核心区，周边其他低水平收入的地方成了边缘区。假如核心区经济的增长给边缘区经济的增长起到很好的带动作用，就把这种现象叫作“涓滴效应”；假如核心区经济的增长给边缘区经济的增长起到不好的影响，那么就把这种现象叫作“极化效应”。在整个过程中，极化效应起到的效果往往比涓滴效应要大，所以往往使区域间的差别经常会因为市场的力量而变大。

第二节 中国区域经济的协调发展

一、中国区域经济协调发展的基本内容

徐盈之和一些著名的学者在2010年提出，区域经济协调发展是一个典型的具有中国特色的研究命题。针对该问题的探讨，我们主要从四个方面展开论述，也就是中国区域经济协调发展的定量评价研究，中国区域经济协调发展的影响因素研究，中国区域经济不协调发展的成因，促进中国区域经济协调发展的政策建议。

（一）中国区域经济协调发展的评价

学术界主要是通过测量和计算协调度、协调发展指数以及协调发展系数等指标来对中国区域经济的协调发展做出评价的。然而姜文仙（2013）却认为，这样的研究思路与中国区域经济的协调发展的正题有很大的偏离，认为这是对区域系统的综合评价或者是可持续发展的评价。

到目前为止，关于某个地区的经济协调发展的评价，大部分的研究都是通过建立指标体系来对其进行衡量的，并且也提出一些相关的建议。也就是说通过运用一些综合性的指标体系来对其进行评价的。接下来举一些例子来具体说明。

徐盈之、吴海明于2010年运用DEA方法在环境约束下对我国各地区经济协调发展水平的综合效率及其影响因素进行研究，有三个方面的发现：①在环境约束下，我国各地区区域关于经济协调发展的水平，不同的地区有不同的发展水平，从而形成了非常显著的地方差异，与其他地区经济的协调发展相比较，东部地区的经济的协调发展是最高的；②与其他地区综合效率相比较，东部地区的综合效率是最高的；③外资水平对区域协调发展水平的综合效率有积极的影响。

李兴江认为经济水平与经济结构、科技进步与人口素质、社会发展与居民物质生活水平、生态环境自然资源等最能体现出一个国家或地区的发展水平，于是在2007年从这四个子系统中选择16个指标，构建了一套综

合指标体系，对我国区域经济协调发展的进程进行了测量。

涂正革认为环境、资源和工业增长等最能体现出一个国家或地区的发展水平，于是在2008年从这三个子系统中选择14个指标，构建了一套综合指标体系，对环境、资源与发展的协调性进行了评估。

蒙少东在2004年创作了一套综合指标体系，这个体系中运用两大理论体系，一个是理论分析法，另一个是德尔菲法。如果想要随时了解关于我国区域经济协调发展到何种程度，就可以运用这套综合指标体系进行测量了。

车冰清和一些著名学者于2010年通过向专家咨询，与此同时也综合运用了两大理论体系——频度统计法和理论分析法，构建了一套关于县域尺度综合指标体系，从而可以对县域尺度的区域经济的协调发展进行一定的评估。

对于我国区域经济的协调发展进程来说，上面的大部分研究都持肯定态度，但是也发现了一些问题，那就是我国区域协调发展存在着明显的地区差异。

（二）中国区域经济协调发展的影响

人力资本对于中国区域经济的协调发展有很大的影响，FDI对中国区域经济的协调发展也有很大的影响，基础设施对中国区域经济的协调发展也有很大的影响，对外贸易对中国区域经济的协调发展也有很大的影响，中央财政支出对中国区域经济的协调发展也有很大的影响。

关于中央政府怎样推动区域经济协调增长战略的这个问题，姜文仙和一些著名的学者在2013年进行了研究，对区域经济协调增长战略在什么时候实施与用什么样的方法实施也进行了研究。该研究认为中央政府具有双重身份，不光是委托人还是代理人，这个双重身份在对区域协调发展实施战略的过程起到的作用很大。中央政府对区域经济协调发展的起到的作用是正面的，这对区域经济协调发展如何选用的战略具有反面的作用，中央政府对区域经济协调发展的能力也有促进作用，这对选择区域经济协调发展的战略也有制约作用。当区域经济协调发展的意愿和能力同时具备时，才可以将具体的区域经济协调发展战略确定下来。中央政府推进区域协调发展战略的作用方式主要有四种，分别是区域经济政策、区域管理、区域规划、区域关系立法。

李国平和一些著名的学者于2013也对中国区域经济协调发展做了一些研究。研究认为，中国区域空间结构慢慢地就会发展成“网络化”的模式，多多少少已经出现了“准网络化”的空间格局的影子。20世纪90年代中期以后，各个地区也都争着开始发展经济，从而使得中国不同地域的空间结构展现出比之前更显著的贫富差距。

关于改革后我国区域协调互助机制这个问题，汪阳红于2011年进行了研究。

杨刚强和一些著名学者于2012年从土地要素供给、土地资产价格、土地金融这三个方面对根据土地政策的不同来调节控制区域经济的协调发展的方法进行了研究。研究结论认为，不同的土地政策对土地资源的空间配置效率的提高发挥着很大的作用，对区域活力有很大的增强作用，对区域协调的发展也有促进作用。

陈斐和陈秀山于2007年对中国区域经济的协调发展也做了一些研究。研究认为对区域协调发展有促进作用的方面有两个是最重要的，一个是根据各个不同区域的资源环境承载能力和发展潜力，另一个是使区域之间的相互促进给予完善。

之所以认为对外贸易对区域协调发展有重大的影响，学者们主要是注意到对外贸易对区域经济的增长产生了一定的影响，有很多文献例证都可以证明对外贸易对区域协调发展有重大的影响。接下来举一些实例来说明。

例如，Laurin 和 Frederic 于2012年对区域增长和对外贸易以及它们之间的关系都做了一些研究。研究发现，GDP 增长与进口之间的关联性特别的显著；GDP 增长与进出口贸易总额具有一般程度上的关联性，GDP 增长与出口之间的关联性不是太明显。

再如，Gonzalez Rivas 于2007年对贸易和区域增长以及它们之间的关系做了一些研究。研究发现，开放的贸易对于那些教育水平较低的地区来说是十分有利的，对地区不平等的减少是有利的。然而，开放的贸易对这些地区可以增加一些较高水平的收入和基础设施也是有利的，从而对地区间的不平等的增加也是有好处的。后者的影响大于前者，所以贸易开放的整体效果是提高区域不平等。

根据国内现有研究来看，很多学者都认为贸易对区域经济的增长起到一定的作用。国际贸易的发展对区域要素的积累也是有一定帮助的，国际贸易的发展对区域结构的优化也是有一定帮助的，国际贸易的发展对区域经济运行机制的创新是有一定帮助的。国际贸易得到很好的发展，从而使得区域经济能够得到健康的发展。

刘莉于2009年对贸易和区域增长以及它们之间的关系做了一些研究。研究发现，一个国家的国际贸易能够得到稳步发展对该国家的区域经济的发展具有一定的促进作用。

李斌和陈开军于2007年对贸易和区域增长以及它们之间的关系做了一些研究。研究发现，对外贸易差异与地区经济差距存在正相关关系，也就是说对外贸易好的地区其区域有较高的经济收入，对外贸易差的地区其区域有较低的经济收入。在短时间内，不管是出口贸易的差异还是进口贸易差异都可以使其区域的经济产生一定的差距。对外贸易在中国地区之间发展也会存在着差距，这种差距也会使得地区间经济增长产生一定的差异，最终对地区经济差距的变动有非常明显的影响。

欧向军和一些著名的学者于2006年采用国外最近使用的区域分离系数等方法对中国区域经济增长与差异格局变化的相互关系进行了研究。研究发现：随着中国经济的不断增长，其东部、中部、西部三大区域逐渐发散趋异，而南部和北部两大区域逐渐收敛趋同。

张鹏于2010年通过对FDI流入、出口贸易影响区域经济增长差异性进行研究，研究发现：出口贸易对我国所有地区的区域经济增长具有正向促进作用，出口贸易对我国东部、中部、西部三个地区之间的经济增长差异却有非常显著的影响。

刘渝琳和冯其云于2007年对贸易和区域增长以及它们之间的关系做了一些研究。研究发现，东部地区和西部地区的外资企业对外贸易有利于经济增长，并且对经济增长的作用效果非常显著；东部地区的外资企业对外贸易与经济增长已经形成了良好的相互促进作用，而西部地区还没有形成这种相互促进机制。

刘力在2005年对贸易做了一些研究，对区域经济增长也做了一些研究对贸易和区域经济增长之间的关系还做了一些研究。研究发现，对外贸易给东部地区带来了很多劳动力，对中部地区和西部地区的人力资源都没有任何影响，所以说关于人力资本的生产要素要受到当时的市场条件的限制，也就是说没有办法向中部地区和西部地区输送劳动力，贸易不但没有使中东西部地区得到均衡发展，反而使这三个地区的经济收入的差距变大。

魏浩和一些著名学者在2011年从全世界125个国家收集一些数据来证明对外贸易与国内收入差异的关系，最后发现：对于发达国家来说，不管是进口贸易还是出口贸易，都对国家内部收入差距产生很大的影响；对发展中国家来说，不管是进口贸易还是出口贸易，对国家内部收入差距的影响都很小且不明显。

兰宜生于2002年把外贸依存度作为对外开放度，对我国各地区外贸依存度与经济增长的关系进行了研究。研究发现，对外开放度与地区经济增长之间的关系是正相关关系，并且也是非常显著的。

蒋满元于2008年对贸易和区域增长以及它们之间的关系做了一些研究。研究发现，区域对外贸易差距扩大的原因是区域经济增长的内在动力差距，与此同时，区域间对外贸易差距使得对外开放程度进一步扩大，这使得改革开放以来区域经济增长和发展水平差距扩大的趋势更加明显。

何枫和一些著名学者于2004对非均衡区域开放对区域经济差异的影响做了一些重点性的研究。他们认为开放程度与效率水平之间有一定的正相关关系并且非常明显，使得东、西地区经济产生差异的关键原因是贸易开放度的差异。

宣晓伟于2013年对贸易和区域增长以及它们之间的关系做了一些研究。研究发现，在各个省之间的外贸比重巨大差异暗示着各省在对外开放中的作用和表现迥异，沿海发达省份更多地分享了对外开放带来的巨大收益，从而使得当地的经济发展被极大地推动。与沿海发达省份相比，内陆省份的收益则相对要少得多。

王丽娟于2005年对贸易和区域增长以及它们之间的关系做了一些研究。研究发现，由于沿海地区的发展条件与内陆外向型经济的发展条件相差很大，所以贸易对各个区域所发挥的作用也有很大的不同。

（三）区域不协调发展的原因

区域协调发展战略提出的基础就是区域差异的扩大，所以对区域发展不协调原因的研究其实就是对区域差异扩大的原因的研究。根据目前的研究，大部分的学者都认为导致区域差异扩大的原因主要有四类，分别为要素投入、经济结构、政策和制度因素、地理位置和历史因素。

张吉鹏和一些著名的学者于2004年通过对要素投入的研究。研究认为造成地区差异及其变化的主要原因是物质资本、人力资本、劳动力、技术差距等因素。

魏后凯和一些著名的学者于2000年通过对要素投入的研究以及王小鲁和一些著名的学者于2004年通过对要素投入的研究。他们都认为外商对于东部地区的直接投资，对于东部经济的快速发展起到了很重要的作用。

蔡昉和一些著名的学者于2000年和2001年通过对要素投入的研究，还有Wang和Yao以及一些著名的学者于2001年通过对要素投入的研究。他们全部认为，导致地区差异的主要原因就是人力资本的差异。

杨晓光和一些著名学者于2002年通过对要素投入的研究，以及李四光和一些著名的学者于2008年通过对要素投入的研究。他们都认为使得区域差异扩大的一个因素是技术差距。

从经济结构的角度，林毅夫于2002年和2003年通过一系列的研究给我们提供了一个较为清晰透彻的理论框架。从政策和制度角度，学者们认为造成我国各地区经济差异的一个重要原因就是改革后所实施的非均衡发展战略这一制度安排。

Young于2000年通过一系列的研究，认为地区差异拉大的关键是地区性保护政策。

Fleisher和Chen于1997年通过一系列的研究，认为中西部地区落后于东部地区的根源是中央政府倾斜性的地区政策。

赵霞和一些著名学者于2007年通过一系列的研究，认为我国在转移支付制度上存在着很多的弊端，从而使得各地区在公共服务能力上的均等化不能得到有效地促进，最终对我国区域经济的协调发展有一定程度的影响。

潘文轩于2011年对我国财政分权对区域协调发展的影响进行了研究。认为影响区域协调发展的途径主要有四条，分别是财政分权体制通过政府间公共事务责权和财政支出责任划分、地区间财力分配、地区政府财政竞争、区域间财政调控。并且也提出了区域协调发展的财政分权体制。

徐现祥和一些著名的学者于2005年通过一系列的研究，认为“社会基础设施”的差异是各省区经济绩效的差异的根本。

从地理位置和历史的角度来看待区域经济发展的问题，有的学者认为由于中部地区和西部地区所处的地理位置是不利的，这在客观上对该地区的经济发展起到了一定的阻碍作用；也有的学者认为是中部地区和西部地区所处的地理位置和该地区的政策因素是使各个地区之间的经济增长差别很大的主要原因，其中地理因素是更加本质性的因素。事实上，我们都知道，我国各个区域经济增长差别不断扩大并不是由某一种具体因素而形成的结果，而是由很多种因素在相互作用和互相影响的基础上形成的。

（四）促进区域协调发展的对策

对于对区域经济协调发展领域有研究的学者来说，大部分学者都会对区域经济协调发展提出有关的政策建议。综观目前的研究，学者们提出的政策建议大概可以归纳为以下几个方面。

1. 消除体制和政策障碍，促进要素合理流动

我国区域协调发展的整体态势良好，但由于我国行政区划、行政体制的制约，地区之间发展的协调难度还是比较大。因此，学者们研究的重点就是怎样使该地区现有的体制和政策障碍给予消除。陆大道于1997年通

过一系列的研究，认为使地区经济得到协调发展的重要条件是公平的政策环境和价格体系。陈耀于2013年通过一系列的研究，对建立更高层次的更有权威的协调机构的必要性做出了重要强调。

2. 引导产业转移，促进区域合理分工

不管是我国的经济中心还是工业活动中心都主要分布在东部沿海地区，就是因为这个原因，在东部地区出现了更多的产业和更多的劳动机会，这就出现了很多在中西部地区的人都去东部地区寻找工作的现象。就是因为人多，工作机会少，使得劳动成本大大降低，从而使得东区地区的经济增长得非常快，与此同时，给中西部地区关于经济的增加带来了很多问题，其中劳动力分布不均匀就是目前主要的问题。

陆铭和一些著名的学者于2013针对劳动力分布不均匀这个问题进行了一系列的研究。研究认为，要想解决这个问题，就要把东部地区的一些产业想办法向中西部地区转移一些。

陈耀于2013年也针对劳动力分布不均匀这个问题进行了一系列的研究。研究认为，区域经济政策要做的不光要尽可能地把区域之间的经济差距变小，还要把空间配置效率给予提高，也就是说让一些在东部地区发展得不是很好的产业和企业想办法转移到中西部地区，这样就避免了劳动力的来回流动，还可以减少一些区域间的差距。

3. 完善法律法规

随着中国区域协调经济的不断发展，有越来越多的学者声称应该为那些经济协调的区域制定一系列的法律法规，通过制定法律法规使得那些经济协调的区域整体行为都规范起来，把区域协调发展的政策按照法律形式给确定下来。例如，周毅仁于2014年就指出，应该与我国区域发展的实际情况相结合，也应该与实施区域发展总体战略和推进形成主体功能区规划相结合，从而可以使制定法律法规的速度加快，制定出来的法律法规从而可以保证区域战略的权威性、规范性和连续性，并提出目前最紧急最需要的就是以最快的速度制定《区域协调发展法》。

二、中国区域经济协调发展的延伸内容

法律法规对区域协调发展有重大的影响。以前都是站在正式的角度来进行研究的，对于那些不是正式的制度（社会资本）对区域协调发展的影响的研究是极少的。现在有一个概念对很多学科的学者来说都比较受欢

迎，那就是社会资本，人们在经济学的研究领域中都比较喜欢使用这个“社会资本”。对于中国区域协调发展来说，根据目前的相关例证，针对社会资本对中国区域协调发展也有很大的影响这个问题来说，我们还是有理由相信的。

到目前为止，针对社会资本的问题和正式制度的问题以及区域经济发展的问题，我们需要从两个完全不同的领域入手。一个是信任、网络、社会规范和协会活动，这被认为是成功经济的核心方面；另一个是在与制度相关的文献中，正式的规则，如产权法律、法院的力量，被认为是经济发展的关键因素。文献中对于社会资本、正式制度两者共同对经济增长的作用并没有达成统一的意见。

（一）正式制度与区域协调发展

在制度经济学领域内，一般情况下我们就会对正式制度对区域经济增长有什么样的作用进行研究。到底什么是正式制度呢？正式制度指的是一些行为规范，以某种明确的形式被确定下来，并且由行为人所在的组织对其进行监督和用强制力保证实施，如各种成文的法律、政策、契约、法规、规章等。站在制度经济学的角度来看待这个问题，对于经济能够起到长期增长作用的是正式制度。诺斯在 1981 年和 1990 年的经典性文献就证明了这一点。在将近 20 多年的时间里也有一些其他的经典性的文献，如 Knack 和 Keefer 在 1995 年研究出来的经典文献；Hall 和 Jones 在 1999 年研究出来的经典文献；Acemoglu 和一些著名学者在 2001 ~ 2002 年研究出来的经典文献；Acemoglu 和 Johnson 于 2005 年研究出来的文献；Banerjee 和 Iyer 于 2005 年研究出来的文献。虽然上述的那些经典文献中都存在内生性的问题，但是那些经典文献都可以证明正式制度确实是对经济增长有着重要的影响。

Hall 和 Jones 于 1999 年完成的研究是在经济学领域内非常具有代表性的一篇文献，两人提出了“社会基础设施”的概念，并认为造成各国经济增长差异的深层次因素是各地区社会基础设施的差异。在 1996 年出现了一篇叫作《各国的生产率》的工作论文，当时 Hall 和 Jones 就知道，一个社会的制度和政策环境对该社会的发展有非常重大的影响，但是在那个时候他们两人并没有明确提出“社会基础设施”这个概念。随后两人 1997 年在《美国经济评论》再次撰文，对其观点进行阐述。“社会基础设施”概念的正式提出是两人发表于 1999 年《经济学》季刊上的一篇名为《为什么有的国家劳均产出比其他国家要高?》的文章。按照两人文中的定义，所谓的社会基础设施，指的是一个经济体中能够给个人和企业提供有效激励的制度和政府政策。这会产生两方面相反的影响，一方面，这种激励能够鼓励生产性的活动，如技术的积累、新产品和生产技术的发明；另一方面，也可能提供的是负激励，这种负激励就会鼓励对生产的掠夺性行为，如寻租、腐败贪污以及偷盗。为了能够对“社会基础设施”这个概念更好地度量，Jones 于 1999 年进一步明确了该定义。Jones 认为凡是指能够使得某些活动的私人收益和社会收益达到一致的制度和政府的政策就是所谓的社会基础设施。尽管对于私人收益和社会收益完全一样的这个要求是很难办到的，办不到也没有关系，只要私人收益和社会收益比较靠近，该社会（组织）就越有效率。按照诺斯于 1973 年研究内容的观点来看，对于一个社会（组织）来说，最有效率的就是使活动私人收益和社会收益是一样的。可以看出，Hall 和 Jones 于 1999 年关于对社会基础设施的定义的研究其实是和诺斯关于制度的定义是一脉相承的。

根据诺斯于 1990 年关于对一些定义的研究来看，到底什么是私人收益呢？指的是不管是任何的经济交易活动，只有经济单位或者个人参与，并在活动过程中个人的收益或亏损；到底什么是社会收益呢，指的是社会从某一活动中所获得的总的净收益，也就是正的还是负的。良好的社会基础设施应该采取一定的措施，使得在同一个活动中，社会收益和私人收益相差不大，最好能够一样，尽管在同一个活动中，社会收益和私人收益完全一样是不可能成立的。

诺斯认为，假如没有把所有权的限制说清楚，或者没有对所有权的限制采取一定的措施，就会出现在同一个活动中，社会收益和私人收益不一样的现象。能够使私人收益和社会收益不一样的活动，整体上来说，可以分为两类：第一类包括各种类型的投资，如个人储蓄、接受教育或者研发投资，由于税收、征用以及外部性，这种情况下，私人收益小于其社会收益的可能性是非常大的；第二类包括各种可以给个人带来收益的活动，关于生产（Production）的活动和转移（Diversion）的活动都包括在内，个人增强收益可以参加生产的活动或者转移活动。到底什么是生产活动呢？是指在某个时间点可以把经济体的总产出给增加的活动；到底什么是转移活动呢？根据罗默在 2006 年的研究来看，就是一种寻租行为，其实质就是对产出重新进行再分配。

Hall 和 Jones 关于对“社会基础设施”的研究还是非常不错的，这个是没有任何可以怀疑的，并且越来越多的学者们对它有了更加广泛的关注。对于“社会基础设施”的研究来说，Hall 和 Jones 也指出这一研究成果不是他们直接研究出来的，而是在很多学者研究的基础上来进行研究的。例如，上文提到的关于“政府反转移措施”的度量这个问题，他们两人就把 Knack 和 Keefer 于 1995 年研究出来的经典文献作为主要的参考资料。作者明确地指出，对此也很少有人怀疑：关于对产权如何保护，契约有哪些权利（contractual rights），怎样管理公共物品以及政府怎样把政策给制定好等等，这对一个国家经济增长速度来说，都发挥着重要的作用。但由于受到一些数据的制约，之前的关于制度对跨国经济的增长起到促进作用还是抑制作用的相关经验的研究在一个很小的范围内给限制着。

如下是对正式制度在经济增长过程中起到什么样的作用进行研究的四种方法。

第一种是对度量制度变量与政治暴力的关系和度量制度变量和 Gastil 指数的关系进行研究。

第二种是通过经验增长方程估算这些变量对经济增长和私人投资的相对解释能力。

第三种是把在有制度指标情况下的刚开始收入的系数与在没有制度指标情况下的刚开始收入的系数进行比较。

第四种是把这些指标在各国关于私人投资的能力进行解释的方面进行比较。

（二）社会资本与区域协调发展

一般情况下就认为社会资本并不是一种正式的制度。别看它不是一种正式的制度，但在正式制度比较薄弱的情况下，社会资本发挥着重要的作用，这种不是正式制度的社会资本在某种程度上可以替代正式制度，从而使得社会资本对区域经济的增长有一定的影响。

选取格雷夫（Greif）和一些著名的学者作为代表来对正式制度和非正式制度的差别进行一系列的研究。他们认为，制度和经济行为之所以在复杂的社会关系中根植，就是为了对于制度对经济发展的影响能够有充分的理解，经济体制所依赖的文化传统、社会关系、价值观念应得到重视。

然而，Nee 于 1998 年的研究却认为，“近年来，新制度经济学者也重视非正式约束，特别是规范和网络，但他们没有考察正式和非正式约束如何共同塑造制度和影响经济绩效，也就是没有正式和非正式约束关系的性质理论，关于制度效应的解释难以令人信服。”除了一些标准的经济变量外，认为社会资本是用来解释经济增长原因的，学者们对社会资本在经济增长中的作用表现出来了越来越浓的兴趣，制度和文化的角色也开始受到经济增长经验研究的关注了。尽管经济学家使用社会资本的方式受到批评，但这丝毫不影响社会资本成为经济领域被引入的最成功的概念，并出现了一大批丰硕的研究成果。

第三节 区域经济协调发展的理论构建

在20世纪90年代刚开始的时候，在美国就举行了一场研讨会，其主题是社会资本和经济发展。只要与社会资本有一丁点关系的不管是定义性的问题，还是概念性的问题，大部分都会被这场研讨会中提到了。因此研讨会讨论的中心问题就是：什么是“社会资本”，与其他类型的资本相比较有没有什么用？关于某些影响对社会资本来说，到底是“好”的还是“坏”的，应该怎样辨别？社会资本到底是怎样对经济发展的机制产生影响的？社会资本对公共政策具有什么样的好的影响或不好的影响？本来以为上述提到的所有问题都会给予解决，但是实际情况却是，在这场研讨会上尽管对上述那些问题都进行了热烈的讨论，但是讨论的结果是只有一小部分达成了一致的观点。

尽管如此，对在接下来的20年里，社会资本很快成为整个世界关于社会科学比较火热的概念和研究话题没有一丁点的影响。然而，关于社会资本理论也有一些不好的影响，阿罗曾经在公众的场合说过“不再使用‘社会资本’概念”。Putnam在2001年的研究认为，虽然对于社会资本的概念来说，还没一个统一的概念，为了一个统一的概念仍然继续讨论，随着讨论的进一步深入，关于社会资本的概念也更加的详细化。例如，现在学者们大部分认为社会资本的定义牵涉的方面应该有三个，那就是信任、社会网络和规范。大部分学者也都认为社会资本具有两面性，不光正面的影响，还有负面的影响。

一、社会资本理论

尽管有越来越多的学者知道“社会资本”并对其运用，但由于“社会资本”定义本身的复杂性，从而使得“社会资本”的定义没有一个统一的说法。

有的学者在“社会资本”的定义中加入尽可能多的因素，从而使得“社会资本”的定义包括的内容显得非常的全面；也有的学者在进行研究时只用到了“社会资本”定义中的一部分，便只把一部分内容加入“社会资本”的定义中，这样的做法是以偏概全。

上述两种做法都会给“社会资本”的定义及其相关的研究带来一定的误区。事实上，我们认为，要想把社会资本各个方面研究的面面俱到，几乎是不可能的。

尽管在社科领域内社会资本被广泛地应用，但社会资本的定义一直令人难以捉摸。不管是对国内的社会资本定义还是国外社会资本的定义，赵家章于2011年都对其进行了总结，在上述研究的基础上，本部分将从不同的角度，对社会资本的定义进行述评。

社会资本最早是由Hanifan于1916年提出的，从20世纪90年代开始，不管是社会学文献还是政治学、经济学、管理学文献都也运用了“社会资本”，从而成为学界的新宠。有些学者认为目前社科领域内定义范围最广泛的可能就是社会资本了。对于社会资本的定义运用比较多的是科尔曼于1988年对其的定义，他是站在社会学的角度，把社会资本当成人力资本的一部分，它允许社会成员相互信任，并以一种新的组织和协会进行合作。“……社会组织构成了社会资本，能够促进目标的实现，如果没有社会资本，这种目标可能不会实现或者需要高昂的成本”。

普特南和一些著名的学者于1993年是这样定义社会资本的：“能够通过协调的行动来提高经济效率的社会网络、信任和规范。”

福山于1995年是这样定义社会资本的：认为只有特定的共享规范和价值才应当被当成社会资本，“社会资本是这个社会中的成员共同遵守的一套非正式的价值观和行为规范，它们包括诚实、互惠和信任”。

Woolcock于1998年是这样定义社会资本的：“社会资本存在于个人社会网络中，能带来互惠的信息、信任和规范。”

在随后的研究中，Putnam于2000年是这样定义社会资本的：“……个人之间的联系——社会网络、互惠规范和个体间出现的信任。”Ostrom（2000）认为社会资本是“对团体内成员周期性发生的活动的预期，这种预期源自于共享的知识、理解、规范以及准则。”

Bowles和Gintis于2002年是这样定义社会资本的：“社会资本即是信任，与人交往的关注、遵守一个社区规范的意愿以及对不遵守社会规范的人的惩罚。”

一些具有代表性的社会资本的定义如表1-1所示。

表1-1 社会资本的定义

学者	定义
Baker	行为人从特殊的社会结构中派生的一种资源并且将这种资源用于追求他们的利益，它是由行为人之间关系的变化产生的（1990）

（续表）

学者	定义
Belliveau，O'Reillv&Wade	单个行为人的个人网络和精英附属机构（1996）
Bouediew	是社会网络成员或群体拥有的实际和潜在的资源的积累，它是由一个特定群体成员共享的集体财产，为群体的每一个成员提供共有资源的支持（1985）
Boxman，De Graaf&Flap	一组能够被人期望提供帮助的人以及这些人拥有的资源（1992）
Burt	朋友、同事和更普遍的联系，通过他们你得到了使用其他形式资本的机会，网络结构给网络中的各个结点提供资源和控制资源的程度（1992）
Knoke	社会行为人创造并动员的存在于他们之间的网络联系，并利用这种网络联系去获取其他社会行为人的“资源”（1999）
Portes	个人通过他们的成员资格在网络中或者在更宽泛的社会结构中获取短缺资源的能力这种获取的能力不是个人固有的，而是个人与他人关系中包含着的一种资产，社会资本是嵌入的结果（1995）
Nahapiet and Ghoshal	镶嵌在由个体或者单位拥有的关系网络中的现实或潜在的资源总和。有助于组织建立自己的智力资本，并间接地影响组织优势（1998）
Fukuvama	社会组织构成社会资本，有了它目标就变得容易达到，如果没有就很难达到或者必须花费高昂的代价。同时，给出了社会资本的三个不同的形式，即责任和期望、信息引导以及社会规范（1990）
Fukuyama	人们为了共同目标在群体和组织中共同工作的能力（1995）。存在于一组成员当中，并可以允许这些成员相互合作的一种非正式的规则或者规范，但分享这些价值和规范本身并不能够产生社会资本，因为价值本身有可能是错的，产生社会资本的规范也必须包括诚实、责任和互惠（1997）

二、社会资本的测量

与对待社会资本定义一样，众多研究试图对社会资本以及其对经济发展的贡献进行度量。但是由于关于社会资本的定义没有一个统一的说法使得关于对社会资本以及其对经济发展的贡献度量这个问题的研究过程十分困难。

就像达斯古普塔（Dasgupta）于 2000 年说的那样：社会资本之所以很难测量，不是因为像人们所认为的关于社会资本的资料比较少，而是因为我们对于测量的对象根本就是不清楚。因此，凡是牵涉到社会资本的度量问题时，学者们尽可能地从务实的角度出发，为了我们更容易地对社会资本进行度量，第一个要做的工作就是给社会资本下一个定义。

关于社会资本的定义与其度量之所以没有统一的说法，原因主要有两个。第一个原因就是 Durlauf 于 2002 年提出的，可能学术界对社会资本概念本身的过度使用，使得所有被用于度量社会资本的指标试图量化这种无形定义，但却总是避免对其进行归类；第二个原因是 Paldam 于 2000 年提出的，学术界内部交流的不够多，每个人根据自己的需要都给社会资本下了一个定义。

Stephen Knack 于 2002 年在对社会资本与经济增长有何影响的研究的时候对社会资本的定义进行了概括，把社会资本分成了两类：一类是广义层面的社会资本——政府社会资本（Government Social Capital），指的是人们为了相互之间的利益而进行合作的政府制度，这里的制度不光指在合同里面具有一定强制的执行力，也指一些法规，还指由国家对公民允许的自由等方面。另一类是狭义层面的社会资本——民间社会资本（Civil Social Capital），这里的制度不光指的是普遍的信任，也指一些道德规范，还指一些不是正式的网络和协会活动。

（一）政府社会资本

有些学者站在两个角度，也就是公民自由权（Civil Liberties）角度和政治自由（Political Freedom）角度，对政府社会资本进行度量，还有一些其他的学者则站在其他的角度，如政治暴力的频率（Frequency of Political Violence）的角度，或者主观政治风险排名（Subjective Ratings of Political Risk）的角度，对政府社会资本进行度量。

Kormendi 和 Meguire 于 1985 年是最早站在公民自由权的角度来对政府社会资本进行研究的，这个研究是在 1950～1977 年间的由 47 个国家组成的人均 GDP 的平均增长率的数据和投资与 GDP 的比率的数据基础上来进行的，这是对经济绩效和公民自由权之间的关系进行检验的。结果发现：公民自由度与投资和 GDP 的比率在很大的程度上对公民自由度与经济增长之间的关系起决定性作用，使公民自由度与经济增长之间的关系呈正相关关系，也就是公民的自由度高其对应的投资比率也比较高；公民的自由度低其对应的投资比率也比较低。

Grier 和 Tullock 于 1989 年把 113 个国家样本作为研究对象对其进行与上述研究相类似的研究，但与上述研究不同的是，该研究把公民自由权替换成了“政治基础设施”代理变量，并分别对拉美、非洲和亚洲国家进行分组回归，结果发现：对拉美和非洲国家来说，“政治基础设施”与经济增长率呈负相关关系（即是“政治基础设施”好的其对应的经济增长率却很低；“政治基础设施”坏的其对应的经济增长率却很高）；对亚洲国家来说，“政治基础设施”的好坏对经济增长率都没有任何的影响。

Scully 在 1988 年提出了公民自由权，Gastil 于 1990 年提出了一些其他的指标，把这些全部用来作为度量“制度框架”的指标，把“司法独立性”作为法规的代理变量来进行研究。研究发现，与那些公民有着比较低水平的自由权的国家相比，凡是那些公民有着高水平自由权的国家的收入比那些低水平公民自由权国家增加了 2 倍。该研究的不严谨的地方就是没有研究公民自由权和国家收入两者之间的因果关系。

Bilson 于 1982 年对公民自由权和国家收入水平已经它们之间的关系进行了研究。结果发现，公民自由权和人均收入之间的关系非常显著，他认为经济自由度是由经济绩效起决定性作用的。Knack 和 Keefer 于 1995 年也对公民自由权和国家收入水平已经它们之间的关系进行了研究。结果发现，公民自由权和政治自由度有一定的关系，只不过这种关系是非常微弱。

Barro 于 1991 年做了一个经典经验研究，对政治不稳定性与经济增长之间的关系进来了研究，研究中政治不稳定用每年发生暴动和政治攻击的次数来体现，结果发现这些指标与 1960 ~ 1985 年的增长率占 GDP 的比率和私人投资占 GDP 的比率有特别明显的关系，它们的关系是负相关关系，也就是增长率占 GDP 的比率高则私人投资占 GDP 的比率就低；增长率占 GDP 的比率低则私人投资占 GDP 的比率就高。

越来越多的学者把关注点转移到了国家政治风险问题上，目前学者们主要依据国际国别风险指南（International Country Risk Guide，ICRG）和商业环境的风险智慧（Business Envrionment Risk Intelligence，BERI）所提供的指标进行研究。Knack 和 Keefer 于 1995 年对国际国别风险指南和商业环境的风险智慧以及它们之间的关系进行了研究，研究认为关于国家政治风险问题应该从五个方面进行度量，也就是政府腐败方面、法律方面、征收的风险方面、政府否认合同方面、官僚质量方面。

（二）民间社会资本

民间社会资本主要是从微观经济和宏观政治这两个大的方面来对经济绩效产生影响的。

从微观经济层面来看，通过社会关系（Social Ties）和人际信任（Interpersonal Trust）相结合，使得交易成本能够有一定的减少，对实施合同也有一定的帮助，从而对投资者的信用有提高的作用。

从宏观政治层面来看，通过社会凝聚力（Social Cohesion）和公民参与（Civil Engagement）相结合，对于 Almond 和 Verba 于 1963 年提出的民主治理能够起到加强的作用，对于 Putnam 于 1993 年提出的诚实度和公共管理的效率具有提高的作用，对于 Easterly 和 Levine 于 1997 年提出的经济政策的质量也有提高的作用。

根据目前现有的研究来看，与关于民间社会资本在宏观政治层面的研究相比较，关于民间社会资本在微观经济层面的理论研究更加全面。在实际的研究中，一些学者关于这方面的研究只是对民间社会资本对经济绩效的影响进行了说明区别并没有完全区别上述微观经济层面和宏观政治层面。

三、本研究区域社会资本的内涵

Uphoff 于 1999 年对社会资本进行了一种新的分类，他把社会资本分为两大类，分别是结构型（Structural）社会资本和认知型（Cognitive）社会资本。

结构型社会资本，指的是客观的网络和组织，或者具体的网络和组织，是把规则和程序及先例结合起来创造的角色与社会网络对共同受益的集体行动具有促进的作用，相对来说，它是一个比较客观性的概念，可以通过外在的形式表现出来，根据群体性的一些活动可以对此进行设计与改进，以此更符合人们的观念，不光有各种社区组织和各种机构还有各种俱乐部等都属于此范畴，其度量方式主要是网络。

认知型社会资本，指的是一些共同认可的规范、观念、信任、态度、价值和信仰等。相对来说，它是一个比较主观性的概念，它存在于人体的内部，没有办法将其呈现出来，由于在人们的头脑中很长时间的存在着，所以说要想将其改变是很难的，其度量方式主要是信任水平量。

（一）区域信任

社会资本的重要组成部分包括信任。关于信任不同学科对其有不同的解释，信任是一种复杂的社会与心理现象，涉及很多层面和维度，很多研究者倒是喜欢站在不同的角度对信任进行具体的研究。由于没有足够的文化交流，使得关于信任的定义还没有一个统一的说法。站在经济学的角度来对信任进行剖析，信任在大多数情况下以交换和交流的中间媒介表现出来，信任对交易的成本来说，具有降低的作用，从而可以更进一步地对经济的增长表现为促进作用。

Arrow 于 1972 年进行了关于信任的研究，他认为，信任是在社会经济构建和运行中起到润滑剂的作用，也是包含交易行为重要组成部分。

Putnam 于 1993 年对信任的定义也做了一系列的研究。研究认为，信任是一种习惯，这种习惯是在一个多世纪长的人与人之间水平网络中（包括商业和市民活动）形成的。

Fukuyama 于 1995 年对信任的定义也做了一系列的研究。研究认为，信任定义就是“在正式的、诚实和合作行为的共同体内，基于共享规范的期望”。并认为文化对信任起决定作用，不同的文化有不同的自发团体。

将信任定义为一种合作倾向，针对这种解释，经济学家们认为主要有两层意思。一层的意思是在重复博弈理论中植根，认为重复博弈的结果就是信任，人们在追求长期利益的同时就会很自然地形成一种信任。因此，在重复的囚徒困境中，信任水平的高低对合作起着很大的决定作用。另一层的意思就是在经济实验的基础上，认为即便是只有一次的博弈，人们也是在合作中完成的。这种观点倾向于，人们期望对手一定会公平或者选择合作行为，即使不希望再与其合作。实际上，两种观点都认为，更高的信任会有更多的合作。

LaPorta 和一些著名学者在 1997 年也进行了一系列研究。研究认为，信任并不是本身就具有的，而是随着一个社会（组织）制度的完善可能提升，这一点在一些大的组织表现得更加明显。

Greif 于 1989 年也进行了一系列的研究。研究认为，贸易壁垒和交易成本的主要来源是信任，“一个人除非认为对方会忠实的执行合同，不然他不可能和对方进行交易”。

Zaheer et al. 在 1998 年对信任的定义进行了总结性的研究，把信任当作是考虑到合作者的义务和行为的可预见性以及存在投机行为时候的行动和谈判的公平性，对合作者可靠性的期望。

Paldam 和 Svendsen 在 2000 年对信任进行了一系列的研究，研究认为信任是相互之间的一种期望，这种期望是在社区内部普遍共享的规范、日常的协作行为基础上形成的。

Gambetta 在 2000 年写了一本名字叫作《信任：合作关系的建立与破

坏》的著作，在书中指出，通过对不同学者关于信任的定义进行概括，给出了信任的定义：“信任某人意味着确信当把某些机会给这个人的时候，他或她不太可能给我们带来伤害。”

很多学者根据自己的研究以及理解都对信任下了定义，尽管这些定义到目前为止还没有统一的说法，但是根据现有的研究来看，可以从三个方面也就是厚信任（Thick Trust）、人际或普遍信任（Interpersonal or GeneralizeTrust）、系统或制度信任（Systemic or Institutional Trust）对信任进行区分和解释。

第一个方面的信任是厚信任，它根据是 Newton 在 1997 年和 Williams 在 1998 年研究的结果来说的，他们把那些通过家庭网络产生的一切信任叫作厚信任。

第二个方面的信任是人际信任，或者普遍信任，在现代社会中具有比较松散的特点，其产生的关系不是主要的，大部分是由一些原本就不认识的人在平常进行交往的时候而形成的一种关系。大部分的学者在对信任对区域经济增长有什么样的关系进行研究的时候，事实上说的就是这方面的信任，也是这个研究所说的信任。人际信任在社会团结中可以算得上一个非常不错的指标。同时人际信任在某种程度上也把社会上的一种凝聚力给体现出来了。

第三个方面的信任是系统的信任，或者制度的信任，说的也就是人们对某种机构的一种信心。在对这个方面的信任进行讨论的时候，大部分说的都是人们对议会的信任进行讨论，对警察的信任进行讨论，对军队的信任进行讨论，对一些比较大的公司的信任进行讨论。

（二）区域规范

社会规范，说白了就是一种态度，这种态度的作用就是可以让人们的大脑里有着合作的意识。大部分学者都把社会规范分为以下两个层面来进行研究。

1. 公民态度

公民态度，说的就是在社会中的规范隐藏着由公民代表的一种互惠，互惠或者相互的责任在下列情况下普遍都有，也就是当人们认为他们对别人一种友好的态度和良好的行为，在不久的将来，受到友好的态度和良好的行为那个所谓的别人会以某种方式来报答他们，这种大家都知道的一种规范能够使得欺骗发生的概率能够大大地降低，这是 Dan Lee，et al. 于 2011 年研究出来的理论。

2. 社会行为

什么是社会行为？一般情况下，其度量方式可以是法治，也可以来源于法律，还可以是公共腐败。它说的是人们接受和遵守社会规则是什么样的情况。在一个法治社会里面，也就是在由一些正式的法律和一些不是正式的社会规则有着关系很是近的社会，这样的社会中的信任水平会很高，因为人们预期其他人行为会比较得体，这是 Ostrom 在 1999 年研究的成果。法律起源一般情况下和法律执行的效率在某些程度上有着一定的关系，在某些程度上与产权保护也有着一定的关系。公共腐败对社会中的信任水平有着一定的影响，那就是不好的影响，那是因为在一个到处充满腐败的社会里，社会规范就会以一种不诚实的竞争而表现出来。

（三）区域社会网络（协会参与）

关于社会网络的定义最早是来源于社会学。我们早就注意到社会网络在我们社会生活中所起到的独特作用。近年来经济学也开始引入了社会网络，越来越多的学者对于社会网络在经济学中起到的作用赞不绝口。

Kaivan Munshi 于 2003 年关于社会网络对劳动力市场的影响进行了一些研究，目前学者们对社会网络在劳动力市场发挥的作用也是非常关注的。

James E. Rauch 于 2001 年关于社会网络对国际贸易的影响进行了一些研究，目前学者们对社会网络在国际贸易中起到的作用也是非常关注的。

Rachel E. Kranton 和 Deborah F. Minehart 于 2001 关于社会网络对产业组织的影响进行了一些研究，目前学者们对社会网络在产业组织中起到的作用也是非常关注的。

Oriana Bandiera 和 Imran Rasul 于 2006 关于社会网络对经济发展的影响进行了一些研究，目前学者们对社会网络在经济发展中起到的作用也是非常关注的。

最早对社会网络下定义的时间 20 世纪 60 年代，“人与人之间、组织与组织之间由于交流和接触而发生、存在的一种纽带”这是 Grabher 在 1993 年经过一系列的研究，其成果就是给社会网络下了一个定义。社会网络是一个结构概念，它是在众多个体之间由社会关系构成的一个相对稳定的系统。

Podolny 和 Page 于 1998 年通过对社会网络进行了一系列研究，给了社会网络这样一个定义：社会网络是一群有着重复持久的交易关系的人组成的团体。

Granovetter 于 1995 年通过对社会网络进行一系列的研究，给了社会网络这样一个概念：社会网络是一群熟知相互特性的人组成的团体。这两种关于社会网络的定义的范围都是比较广的。

由于没有进行足够的学术交流，尽管关于社会网络的定义没有一个统一的说法，但是根据目前现有的研究来看，关于社会网络的形成主要有两种不同的理论观点，分别是社会资本观点和结构空洞观点。其中，Bourdieu 可以作为社会资本观点的代表，Bux 可以作为构空洞观点的代表。

根据 Bourdieu 在 1984 年对社会资本进行的一系列研究来看，社会资本说的就是一个手段，它所起到的作用就是对个体之间的行为规范或者企业之间的行为规范的监督。

刘庆林和一些著名学者于 2004 年对社会资本进行了一系列的研究。研究认为，社会资本起到的作用大体上可以分为两个方面，一方面，是把社会资本看成一种资源，利用网络的方式对组织之间的合作起到一定的影响，从而促进组织间的一些合作，最终使企业能够更容易地获取一些资源；另一方面，社会资本指的是对各方合作的一种规范要求，让各方对这种网络的依赖起到一个加强的作用，并且按照现在网络具有的一些特征和规范，去继续寻找一些具有这种特点与规范的新的合作者，最终使得组织的社会资本增加。

社会资本的重要组成部分除了上述的信任，还有接下来将要论述的社会网络（协会参与）。一旦特定的经济发展方式开始利用社会网络，就构成了社会资本。Bertrand et al. 于 2000 年的研究认为，与信任相比较，社会（参与）网络对区域经济增长有什么样的关系，关于这个理论研究还不是十分明确。有一些学者认为，社会（参与）网络能够凭借着一些协调行动提高社会的效率，更进一步地对区域经济增长产生一些好的影响。普特南，其英文名字是 Putnam，作为这一研究的代表人物，他把奥尔森，其英文名字是 Olson，作为代表的学者的研究，该研究认为，如果一个社会形成的组织太多的话，并且这些组织是为一些具有特殊的利益集团服务的，那么经济增长的效率就会降低，收入会集中在少数人手中，这是 Olson 于 1982 年的研究成果。

Putnam et al. 于 1993 年通过对社会网络做了一系列的研究。研究认为，网络关系通过协调行动对社会的效率起到了提高的作用。

Putnam 同时还认为，在民主政府的有效性方面和稳定性方面，民间协会（Civil Associations）对其都能够提供一定量的帮助，实际上是在个体会员的“内部”和对政体的“外部”起到一定的效应。

Putnam 认为，“协会灌输给会员们的是协作习惯、团结和公共精神，公民组织的参与包括协作技巧和集体努力的共享责任。当个人属于某个具有多样化目标和成员的交叉组织的时候，他们的观点会因为组员的相互交往而变得更加平和”。这就是所谓的“内部”效应。密集的协会网络能够提高“利益诉求”和“利益聚集”，进而对有效的社会协作做出贡献。这就是所谓的“外部”效应。

Putnam 于 2000 年通过一系列的，认为对于普遍互惠的有效规范来说，社会交换的密集网络可以将其加强。社会网络通过声誉效应能够使忠诚得到鼓励。“社会网络使信任变得可传递和传播：我信任你，是因为我信任她，而她向我保证她信任你。”这是 Putnam et al. 于 1993 年的研究成果。在社会交往中信任起到的是润滑剂的作用，信任和协作的关系是正相关关系，也就是一个社会的信任水平越高，也就表明有可能有更多的协作；一个社会的信任水平越低，也就表明可能有更少的协作。在协作中就可以培育信任。越是信任别人的人越有更多地可能去参与到公民生活从而有更多的社会资本可以建立，而对别人越是不信任的人可能更少参与公民生活中，使其可以建立的社会资本也更少。

相对于以往的大多数研究把个体、群体和组织的社会网络作为社会资本的重要组成部分来说，这次的研究只是把社会资本作为社会网络的重要组成部分。社会资本主要特征是体现在把朋友、家庭、社区、工作以及公司生活融合到一起的人格性网络方面。

一方面，因为有一些网络建构是经常变动的、非组织化的、非正式的，故而显示出来的特点是不稳定的。因此，为了避免这种不稳定性，就开始采取朋友、同事和邻居相互交叠、相互连锁的这种网络的形式。

另一方面，因为有一些网络是通过俱乐部或协会或组织串联起来的具有高度组织化、紧密联结的群体。这些俱乐部、协会和组织包括任何形式的有着正式组织化基础的志愿性社团、中介性组织、次级社团和共同体社团（community associations）。

（四）区域社会结构

社会结构是由两部分组成的，一部分是文化，另一部分是社会冲突。文化不是指具体的某个东西，而是在社会关系中嵌入的共同特征的代表。根据 La Pora et al. 于 1997 和 1999 年的研究成果来看，他认为，如果一个社会有一些同质社会收入基础和水平社会关系，那么那个社会拥有的社会合作水平是比较高的；如果一个社会没有（甚至很少）一些同质社会收入基础和水平社会关系，那么那个社会拥有的社会合作水平是比较低的。社会冲突代表的是一种能力，是一种在社会管理中社会分化的能力。如果一个社会分化较深，并且冲突管理制度较弱，那么冲突就会进一步加剧外生冲击的经济成本。这种冲突迫于利益集团的压力而耽搁了政府政策的调整。

在上述分析的基础上，同时参考 Lee，et al. 于 2011 年的研究以及中国区域协调发展实践，把区域社会资本分解成如图 1－1 所示的基本架构。

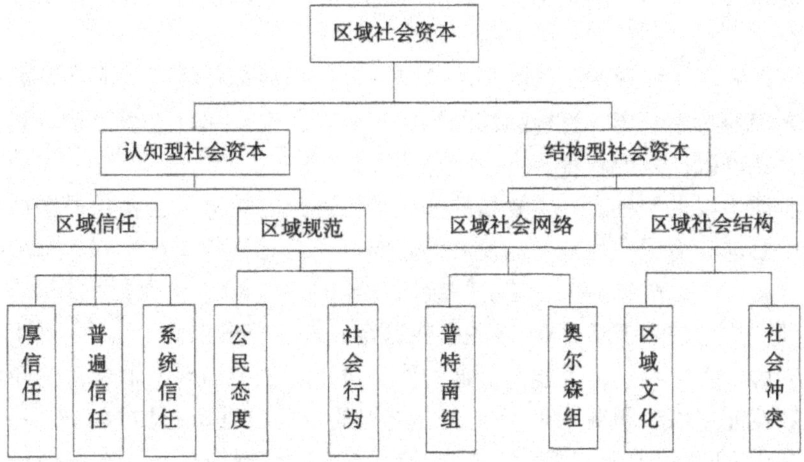

图 1－1　区域社会资本结构

第四节　区域经济不协调发展与抑制区域经济协调发展的因素

从中国区域协调发展战略的政策支持体系来看，对东部地区来说，国家并没有给予关于某一方面具体而又明确的政策，仅西部有的只是一些整体的支持政策，然而对西部、东北来说，国家更关心西部大开发，东北的老工业基地振兴。因此，给予了西部地区和东北地区关于某一方面具体而又明确的政策，如加强基础设施建设、加大物质资本的投资力度等。站在时间的角度来看，由于中部崛起战略、东部地区率先发展战略实施时间较短，政策的效果还没有完全显示出现。站在中央政府的角度来看，在中国区域协调发展总体战略中西部大开发占据的位置比较优先。如下是把西部大开发作为案例，来对中国区域协调发展战略对于区域经济差距的影响机制做更详细的介绍。

一、教育对区域经济差距的影响机制

教育是一种社会活动，在这个活动中，我们可以传播人类的文明，也可以传播科学知识，还可以传播生活经验，并且还可以育人。教育从不同的方面来看就有不同的意思，一共有两种意思，也就是广义的教育和狭义的教育。

所谓的广义的教育，指的是不管是对人们知识和技能的形成和发展还是对人们的身心健康和思想品德的形成和发展来说，一旦这个活动对其有影响，就可以称之为教育。

所谓的狭义的教育，主要指的是在学校进行的教育，也就是根据社会的某些要求和为了受教育者的发展的需要，开始有目的、有计划、有组织地给受教育者一些影响，来培养社会所需要的某种特定的人才所进行的一切活动。这是魏后凯于 2006 年关于教育定义的研究成果。

人力资本指的是一种能力，这种能力可以是在劳动者身上聚集的知识能力和技能还可以是劳动者身上表现出来的一些。并且根据西奥多·W.舒尔茨于 1990 年的研究来看，在对生产增长有影响的众多因素里面最主要的因素就是劳动者身上表现出来的这种能力。一般情况下，对区域经济发展起到促进作用主要是人力资本，而形成人力资本的重要过程就是教育。

（一）教育促进西部地区经济发展的机理分析

自从西部大开发以来，西部地区教育水平有了大幅度的提高。通过很多的实例可以看出来，劳均受教育年限前系数显著为正，且通过了 10% 的显著性水平检验，这也就是说明劳均受教育年限的提高对于经济增长具有积极的促进作用，对西部经济发展来说，提高教育水平总体上对其有促进作用。针对这一个观点，蔡昉和都阳于 2000 年的研究成果可以证明，刘海英、赵英才和张纯洪于 2004 年的研究成果也可以证明，对这个观点可以证明的还有杨立岩和潘慧峰于 2003 年的研究、杨立岩和王新丽于 2004 年的研究、杨俊和李雪松于 2007 年的研究、孙敬水和董亚娟于 2007 年的研究、姚先国和张海峰于 2008 年的研究以及谢颖于 2009 年的研究。

（二）不同层次教育与西部地区经济发展关系的机理分析

针对不同层次的教育对经济增长起到什么样的作用效果这个问题，很多的学者都对此进行了一系列的研究。根据唐祥来于 2008 年的研究来看，虽然很多的研究都认为教育对经济的增长有促进作用而达成一致的意见，但是关于不同层次的教育在经济增长中起到什么样的作用这个问题，不同的研究有不同的看法。

例如，国外的很多学者都认为对经济增长起到特别作用的教育是初等教育和前期高等教育，对这一观点认可的有 Armer 和一些著名的学者于 1993 年研究也有 Lau 一些著名的学者于 1993 年研究还有 Tallman 一些著名的学者于 1994 年研究和 McMahon 一些著名的学者于 1998 年研究。Esim 于 1994 年关于教育和经济增长的关系做了一系列的研究。他认为韩国、马来西亚和泰国等亚洲国家的初等教育对经济增长起到的作用特别显著。McMahon 于 1998 年关于教育和经济增长的关系做了一系列的研究。他认为东亚国家小学教育和初中教育对经济增长起到的作用特别显著。Barro 和 Lee 于 1997 年关于教育和经济增长的关系做了一系列的研究。他们认为初等教育和高等教育对经济增长所起到的作用非常有限甚至可能是阻碍作用，这与唐祥来于 2008 年进行研究的观点是一致的。宋光辉于 2003 关于教育对中国经济的增长的影响做了一些研究，他认为在对于对中国经济增长有明显促进方面，小学和初中人口存量比高中和大学人口存量表现出来的作用要明显。

二、物质资本对区域经济差距的影响机制

所谓的物质资本，一般情况下指的是由于购买资本品（包括机器设备和建筑物以及存货）而形成的资本，根据刘树成于 2004 年的研究来看，生产活动的重要基础是物质资本。对区域经济增长存在影响的因素有很多，是它们共同左右的结果，并且区域经济增长的必要条件是投入生产要素。

从魏后凯于 2006 年的研究来看，物质资本作为一种相对稀缺的生产要素，是一种重要的经济资源，资本形成和积累是区域经济增长的重要因素。再根据王小鲁和樊纲以及刘鹏于 2009 年的研究来看，长期以来，中国经济呈现出来的特点是粗放型增长方式，主要表现为经济增长由大量资本、能源和原材料以及劳动力投入推动，资本形成成为支撑中国经济持续高速增长的最主要的因素之一。

（一）物质资本促进西部地区经济发展的机理分析

自从西部大开发以来，中国西部地区物质资本的存量增长很快。根据目前现有的研究可以看出来，劳均资本存量前系数显著为正，且通过了

1%显著性水平检验，这表明劳均资本存量水平对于经济增长具有积极的促进作用，物质资本存量的提高总体上促进了中国西部地区的经济发展。针对这一个观点，林毅夫和刘培林于2003年的研究成果可以证明，徐现祥和一些著名学者于2004年的研究成果也可以证明。还有很多研究可以证明，在此不一一列举。

（二）分产业物质资本与西部地区经济发展关系的机理分析

也有很多研究发现，不同的产业物质资本存量对于经济增长所起到的作用有所不同。就从三次产业资本对于经济增长所起到的作用来看，第一产业、第三产业的劳均资本存量前系数虽然说是正的，但是也不明显，而第二产业劳均资本存量前的系数有很明显的正，这说明与第一产业、第三产业相比，第二产业劳均物质资本存量水平的提高对中国及西部地区经济增长更有影响。

三、基础设施对区域经济差距的影响机制

国民经济运行的基础是基础设施，国民经济的发展水平会对生产部门的成本和收益产生直接或间接地影响。从而对供给的数量和质量也产生一定的影响，最终对区域经济产生重要影响。根据OECD于1973年的研究成果来看，基础设施从广义来看，一般情况下有三种类型，分别是经济基础设施、社会基础设施和行政基础设施。

从魏后凯于2006年的研究来看，作为基础设施其中的一种类型——经济基础设施也叫作自然基础设施。所谓的经济基础设施，指的是交通、通信网络、电力、供排水和灌溉等方面的设施。而经济基础设施又主要由三个部分组成，分别是区域交通系统（包括铁路、公路、水运、管理运输、航空运输及城市交通等）、公用事业系统（包括能源、供排水、管道煤气、电信、环境保护等）、公共工程（包括防洪工程、灌溉工程、防护林工程等）。下面以交通基础设施作为主要的基础设施来论述。

（一）交通基础设施促进西部地区经济发展的机理分析

从目前现有的研究来看，对于西部经济发展来说，交通基础设施的发展在总体上对其起到的影响是促进作用。针对这一观点，范九利、白暴力和潘泉于2004年的研究可以证明，王任飞和王进杰于2007年的研究也可以证明，对这个观点可以起到证明作用的还有董大朋和陈才于2009年的研究、刘学华和张学良以及彭明明于2009年的研究、Pravakar Sahoo和

Ranjan Dumar Dash 以及 Geethanjali Nataraj 于2010 的研究、刘勇于2010 年的研究、刘生龙和胡鞍钢于 2010 年的研究、张光南和朱宏佳以及陈广汉于 2010 的研究。

（二）不同类别交通基础设施与西部地区经济发展关系的机理分析

根据目前现有的研究可以看出来，不同类别基础设施对经济增长所起到的作用大小也不同。把高速公路作为高等级公路的代表，其对西部地区经济增长的影响是很明显的促进作用，并且对于区域经济的收敛也很有帮助，而把等外公路作为低等级公路的代表，其对西部地区经济增长的影响没有明显的促进作用，甚至还与西部地区的经济发展呈现出较为明显的负相关关系。铁路、内河航道对经济发展的促进作用也并不明显。

四、政府规模对区域经济差距的影响机制

关于政府与市场的关系一直还没有一个统一的说法。根据传统西方经济学理论来看，有经济效率的是市场配置。从魏后凯于 2006 年的研究来看，由于一些现象的存在，如公共产品、外部效应、自然垄断、市场不完全、信息不充分、经济周期波动以及公平问题，使得市场失去其应该发挥的效果。这样一来就需要市场以外的非价格机制来干预了，从而为政府的存在与干预经济提供了依据。然而，根据赵红军和尹伯成以及孙楚仁于 2006 年研究来看的话，政府对经济体的干预会使经济体的交易效率降低，变化无常的法规措施也会使经济体的交易效率降低，使经济体的交易效率降低的因素还有低效的公共服务和政府官员的腐败以及寻租等。

因此，政府干预的必要条件是市场失灵，而政府干预市场资源配置的充分条件是政府衍生成本小于政府不干预时的市场交易成本。以常云昆和石晶莹于 2005 的研究来看，一旦我们考虑到市场和政府的摩擦性，就有可能出现市场失灵和政府失灵的现象。也有一部分研究认为，政府的规模既对政府运行的效率有一定的影响，对政府经济的增长也有一定的影响。

结果显示：有一部分的学者认为政府规模与经济增长之间呈现的是明显的负相关关系，也就是政府规模越大其经济不但不增长反而下降了，政府规模越小其经济增长速度越快。针对这一观点，庄子银和邹薇于 2003 年的研究可以证明，汪德华、张再金和白重恩于 2007 年的研究也可以证明，对其有证明作用的还有于良春和余东化于 2009 年的研究。

也有一部分学者却认为政府规模与经济增长之间呈现的是明显的正相

关关系，也就是政府规模越大其经济增长速度越快，政府规模越小其经济增长速度越慢。针对这一观点，马拴友于2000年的研究可以证明，吕炜和单双在2009年的研究也可以证明，对其有证明作用的还有阎海洲于2010年的研究。

还有一部分学者却认为政府规模与经济增长之间呈现的是非线性关系，针对这一结果，可以从戴广于2004年的研究可以看出来，从李村璞、赵守国和何静于2010年的研究也可以看出来，还可以从高彦彦、苏炜和郑江淮于2011年的研究看出来。

从西部地区经济发展过程的某些角度来看，政府的活动有助于经济的发展，而从另一些角度来看，政府的活动又在一定程度上抑制着经济发展。

第二章　区域经济协调发展的背景与基本格局

本章将围绕“区域经济协调发展的背景与基本格局”来进行论述，主要内容包括：区域经济协调发展的背景、区域经济协调发展的基本格局。

第一节　区域经济协调发展的背景

改革开放以后，通过党中央的正确领导以及我国人民的共同努力，我国当前在经济总量、结构层次、体制环境、开放格局、发展活力等方面取得了前所未有的成就，这将为全面建设小康社会中后期的区域协作发展提供坚实的支撑。然而，我国未来发展的国内制约因素也是相当突出的。这些制约因素具体表现为“三个差距、两个约束”。从某种意义上讲，我国未来区域协调发展目标的实现程度，将在很大程度上取决于这些制约因素的改进与缓解程度。

一、三个差距

“三个差距”，包括区域经济发展差距、区域社会发展差距、城乡二元发展差距。

（一）区域经济发展差距

改革开放之后，东南沿海地区率先发展，使我国经济总量迅速扩张，造就了世界经济发展史上的奇迹。但是，在经济总量快速扩张、综合国力大幅提升的同时，东部地区与中西部地区间的发展差距也呈现出持续加大的演变趋势。

如图 2－1 所示，从 1978 年到 2012 年，东部地区与西部地区人均 GDP 绝对差距扩大了 28 倍，东部地区与中部地区人均 GDP 绝对差距扩大了 22 倍。进入 21 世纪，我国区域发展差距出现了进一步扩大的趋势，而这种趋势恰恰是在国家先后出台一系列旨在缩小地区发展差距的区域政策的背景下形成的。由此不难看出缓解我国区域经济发展差距的艰巨性和复杂性。

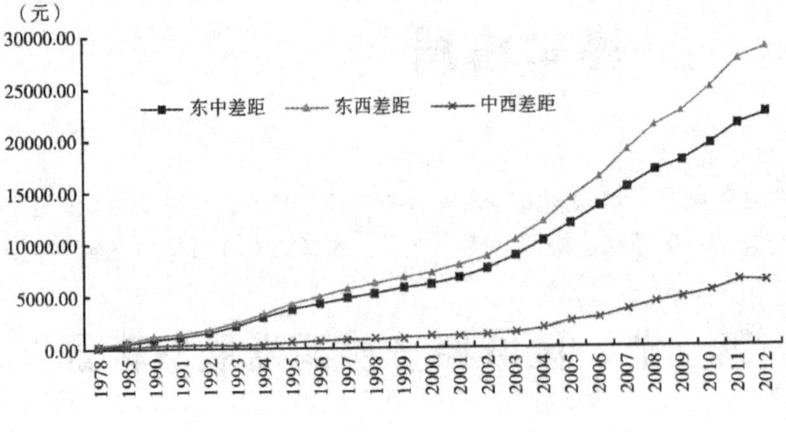

图 2－1　1978～2012 年我国区域发展差距演变动态

需要我们注意的是，区域经济发展差距持续扩大的趋势，为我国区域可持续发展埋下了诸多隐患，不利于经济与社会实现健康、平稳发展。区域经济差距如果长期得不到有效缓解，不仅会制约经济总量扩张，而且会阻碍我国经济结构升级进程。同时，也会妨碍区域社会发展差距、城乡差距等等造成的其他矛盾的缓解。因此，区域发展差距是我国全面小康社会中后期实现区域协调发展目标将要面对的最为突出的矛盾，更是区域协调发展的难点所在。①

（二）区域社会发展差距

经过长时间的调查与研究我们发现，我国社会发展水平的区域差距或不公平性十分明显，长期以来广大中西部地区社会发展水平落后的状况没有得到实质性改进。各地区社会发展水平的差距可以通过综合能力指数得到更为直观地反映。

如图 2－2 所示，1978～2012 年我国东部地区社会发展综合能力指数一直处于 3 以上的水平，中部地区处于 1 左右的相对低位，西部地区则始终处于 0. 5 左右的绝对低位。由此可见，我国地区之间社会发展的绝对差距是相当明显的。

① 刘洋．区域协调发展论［M］．北京：中国市场出版社，2016.

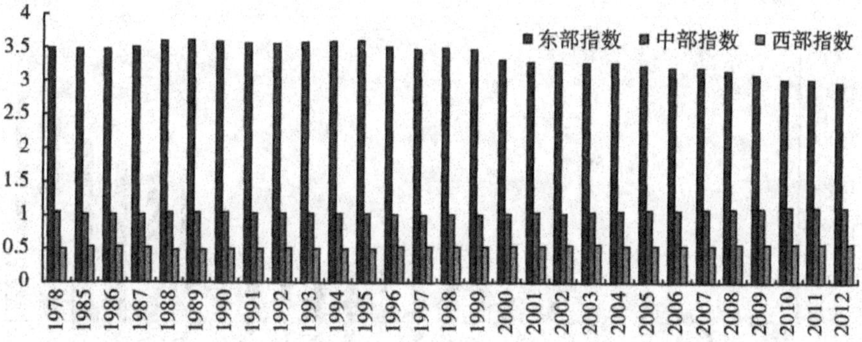

图 2－2　1978～2012 年我国社会发展水平综合能力指数变化情况

需要强调的是，区域协调发展以经济增长与社会进步之间的良性互动为基本前提，是经济增长与社会进步“双轮”驱动的结果。因此，我国当前存在的区域社会发展差距，也是全面建设小康社会中后期需要给予重点关注的主要矛盾之一。

（三）城乡二元发展差距

事实上，城市和乡村作为两个相互依存的空间系统，以各自的功能共同推动着社会的进步和繁荣。城市与乡村的和谐共荣，是区域协调发展的重要内容之一。然而，纵观新中国成立以来我国城乡关系的历史轨迹，城市一直处于城乡关系的支配地位；在利益分配方面，农村和农业始终处于弱势地位。这种倾向的城乡关系，在城乡居民收入对比上表现得最为明显和直接。

图 2－3 所示是 1978～2012 年我国城乡居民收入水平对比情况。1978 年，我国城镇居民人均可支配收入为 288 元，农村居民人均纯收入为 135 元，城镇居民收入是农村居民收入的一倍多；2012 年，我国城镇居民人均可支配收入达到 24608 元，而农村居民人均纯收入仅为 8067 元，城镇居民收入是农村居民收入的三倍多。可见，改革开放以来，由于城市比农村发展优势更加明显，进一步加剧了城乡差距。

从实际情况看，我国当前存在的城乡差距造成的种种问题已成为制约中国现代化进程的结构性矛盾，是全面建设小康社会中后期区域协调发展的难点之一。鉴于城乡之间难以分割的内在关系，如果农村发展长期受到压抑，区域协调发展就无从谈起。因此，在全面建设小康社会中后期，需要对城乡差距的持续扩大给予充分关注。

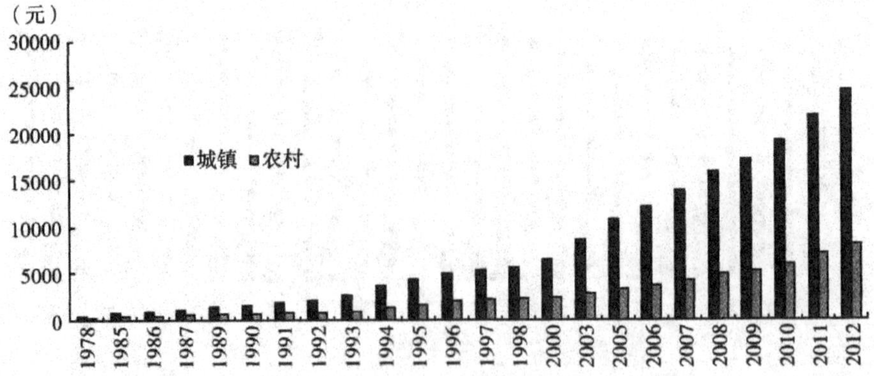

图2－3　1978～2012年我国城乡居民收入对比情况

二、两个约束

（一）环境约束

我国改革开放以来，一直采用的主导发展模式是数量型扩张，这一模式的支撑产业以“两资一高”“两高一资”为主体，其代价是生态环境的严重破坏。当前，在我国多个地区，这种发展模式的生态环境后果已展露无遗，并成为约束未来发展的主要“瓶颈”。①

进入“十一五”之后，为了尽快扭转和缓解当前发展模式对生态环境的巨大压力，国家出台大量以“节能减排”为主要内容的调控政策和措施，并在国民经济和社会发展“十一五”规划中，将主要污染物排放量削减10%作为必须完成的约束性指标，把环境保护提升到事关国家长远发展和人民切身利益的战略位置。

“十一五”期间，化学需氧量、二氧化硫排放总量两个主要污染物排放量分别下降12.45%、14.29%，尽管超额完成了目标，但是我国环境问题依然很严峻。在“十二五”规划中，国家又提出主要污染物排放量减少8%～10%的目标，力求逐渐解决我国环境问题，扭转发展模式对生态环境的压力。

根据国家环保部门的有关资料，我国当前面临的环境约束主要表现在以下三个方面。

① 刘洋．区域协调发展论［M］．北京：中国市场出版社，2016．

1. 主要污染物排放远远超过环境承载能力

我国的经济快速增长，在这种情况下，主要污染物削减任务十分艰巨。作为“十二五”开局之初的2011年，氮氧化物排放总量不降反升5.74%；2012年，我国基本完成主要污染物排放减少2%的目标，但是排放总量依然很大。当前，二氧化硫排放量和化学需氧量排放量都大大超过环境的承载能力，2012年化学需氧量排放总量达2423万吨，接近排放最大允许量的三倍；大气中二氧化硫排放总量为2117万吨，远远超出大气达标的1200万吨。

2. 环境污染的程度加重

2012年，我国七大水系197条河流、408个断面中，四、五类水体占20.9%，劣五类水体占10.2%；全国城市空气处于中度或重度污染的城市数目增加，天数增加，雾霾天气频发；酸雨影响面积占国土面积的1/3，发生较重酸雨城市的比例有所增加。

从国际对比情况看，我国当前工业废物密度大约是德国的20倍，是意大利、韩国、英国和日本的10多倍；城市空气污染程度大约是法国、加拿大和瑞典的7倍多，是美国、英国和澳大利亚的4倍多。从这些数据可以看出，我国当前环境污染正在向程度加深、范围扩大的趋势演变，对经济发展的制约效应已十分突出。

3. 环境风险不断增高

需要我们注意的是，我国安全生产事故和企业违法排污现象频发主要在“十一五”期间以及进入“十二五”之后，表明我国突发性环境事件进入高发时期，环境风险压力居高不下。

在二次重工业化的背景下，一些地方忽视环境保护要求，在项目建设中选址不当，把一些石化工、冶炼等高危企业建在饮用水源地、江河沿岸、城市居民区等环境敏感及人群密集地区，环境隐患比较突出。同时，近年来群众的环境投诉以每年30%的速度上升，因环境问题引发的群体性事件以年均29%的速度递增，严重影响了社会稳定。这种现象从一个侧面表明，当前环境问题的经济与社会成本趋于显性化，已成为经济与社会可持续发展的主要制约因素。

（二）资源约束

我国对主要矿产资源的需求量快速攀升，随着我国经济总量的急剧扩张及二次重工业化的兴起。20 世纪 90 年代以来，我国矿产资源消费需求加速增长的态势非常明显。从 1990 年到 2010 年，我国铁矿石年消费量从 1 亿吨快速上升到 12 亿多吨，石油的年消费量也从 1990 年的 1. 14 亿吨增加到 2010 年的 4. 39 亿吨，增长近三倍。

此外，我国作为“世界工厂”，需要生产和输出大量耗能产品和设备，这也都要以矿产资源的大量消耗为基础。综合判断，今后 30 年时间内，国内和国际市场的巨大需求将拉动矿产资源消费保持 20 世纪 90 年代后期的增长态势。未来随着经济的逐渐发展，我国面临的资源约束表现在以下四个方面。

1. 主要矿产资源保障程度低

我国矿产资源种类比较齐全，总量丰富，但是主要矿产储量占世界的比例并不高，人均占有量也很低。① 中国与世界主要矿产资源储消比对比情况（图 2 -4）。

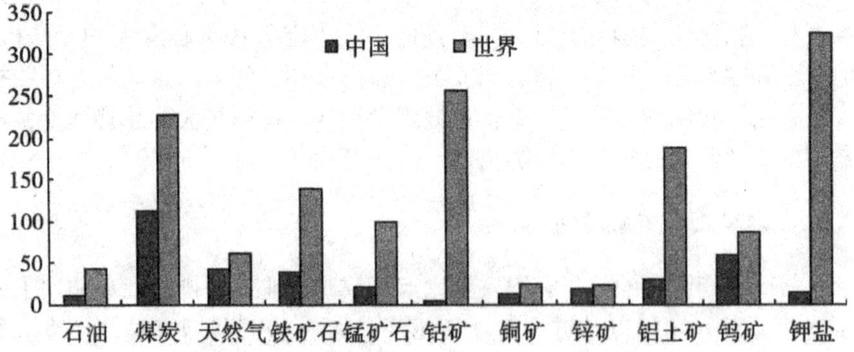

图 2 -4　中国和世界主要矿产资源储消对比

通过对比中国与世界主要矿产资源的储消比可以发现，这些变化趋势虽是依据 2002 年数据进行测算的，但截至目前其大致格局并没有发生变化。以石油、铜矿、铝土矿为例，2010 年我国石油、铜矿、铝土矿的消费量分别突破了 4 亿吨、792 万吨和 8000 万吨，而它们的储量分别为

① 在 45 种主要矿产中，中国有 27 种矿产的人均占有量低于世界人均水平，有 22 种属于对经济建设不能保证或基本保证但存在不足的矿产。与占世界 1/5 的人口比例相比，中国已发现的主要矿产资源的储量不是丰富，而是相当贫乏，对社会经济发展的保障程度十分有限。

31.7 亿吨、8040 万吨和 37.5 亿吨，储消比分别为 7.9、10 和 46。与 2002 年的数据相比，石油、铜矿的供需矛盾有所强化，铝土矿供给矛盾有所缓解。综合判断，近十年来我国主要矿产资源保障不足的局面没有得到改善，个别重要矿种的供需矛盾更加突出。

2. 重要矿产供需矛盾突出，对外高依赖度影响供给安全

需要我们注意的是，由于国内资源供给能力的限制，利用境外资源成为我国调剂国内余缺的重要手段。一些重要战略性矿产资源的获取，对国外市场形成了较高的依赖，其中石油、铁矿石需求对国外市场的高依赖度最具典型性。

石油是我国重要的能源资源。但从 1995 年以来，其产消一直失衡，并且产消缺口绝对量急剧扩大。到 2010 年，我国石油的消费量与生产量之间的缺口已接近 2.39 亿吨。为平衡石油供需缺口，我国需要从国际市场进口大量石油。从 1995 年开始，我国石油进口量大幅度飙升，到 2010 年达到 2.4 亿吨。随着石油进口数量的上升，我国石油消费对国际市场的依赖度持续提高，其中 2010 年对国际市场依赖度达 52.6%，占世界石油贸易量的 12.74%。近年我国石油对外依赖度和供需缺口情况如图 2－5 所示。

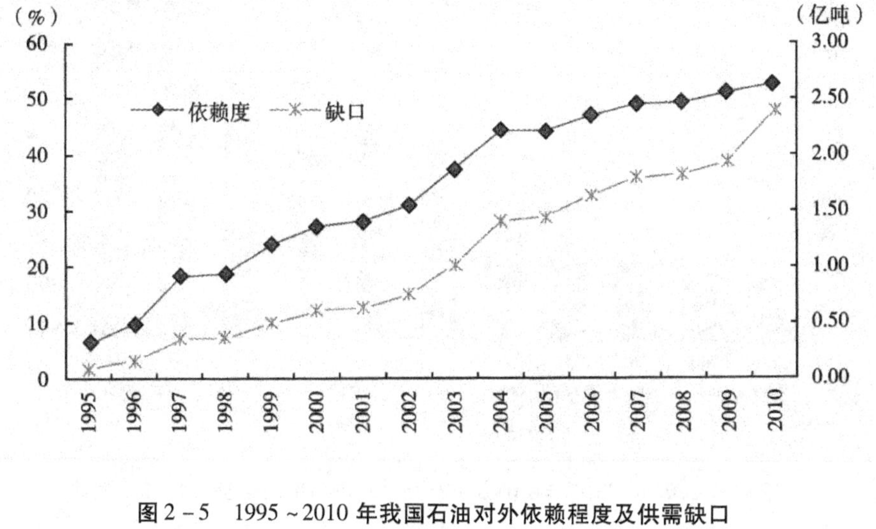

图 2－5　1995～2010 年我国石油对外依赖程度及供需缺口

我国当前石油资源综合利用技术经济的低水平，可能是未来10—20年石油消费增量的一个重要因素。中国GDP单位石油消耗量同世界发达国家相比存在明显差距，而且这种差距在短期内难以缩小。可以预见，我国未来石油资源的缺口存在进一步加大的趋势。

从20世纪90年代至今，我国一些重要金属矿产供求形势逐年严峻，每年都要通过国际贸易调剂余缺，对国际市场的依赖度不断提高。

从1997年起，随着国内产量的日渐萎缩，我国铁矿石的供需缺口不断扩大，进口量逐年大幅度增加。

2009年，我国进口铁矿石占铁矿石消费总量的比例突破60%。2010年，这一比例虽有所下降，但仍高达56%。

2000～2010年我国铁矿石产量、进口量对比及其对外依赖度情况如图2－6所示，世界与我国铁矿石消费量、生铁产量对比情况如图2－7所示。从全球铁矿石供需情况看，十年间全球铁矿石消费需求增量与我国铁矿石的需求增量基本一致，我国已成为左右世界铁矿石供需态势的决定性因素。除铁矿石之外，我国铜、铝等重要有色金属矿产资源对国外市场的依赖度也比较高。

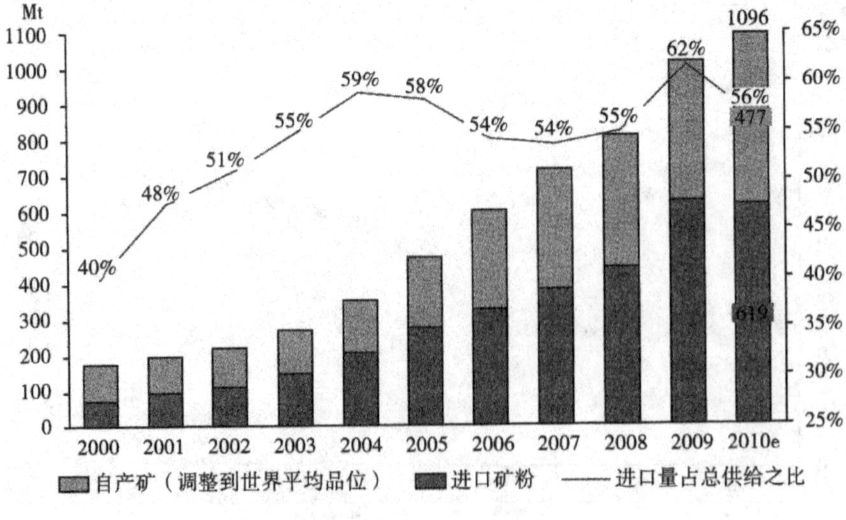

图2－6　2000～2010年我国铁矿石产量、进口量对比及对外依赖程度

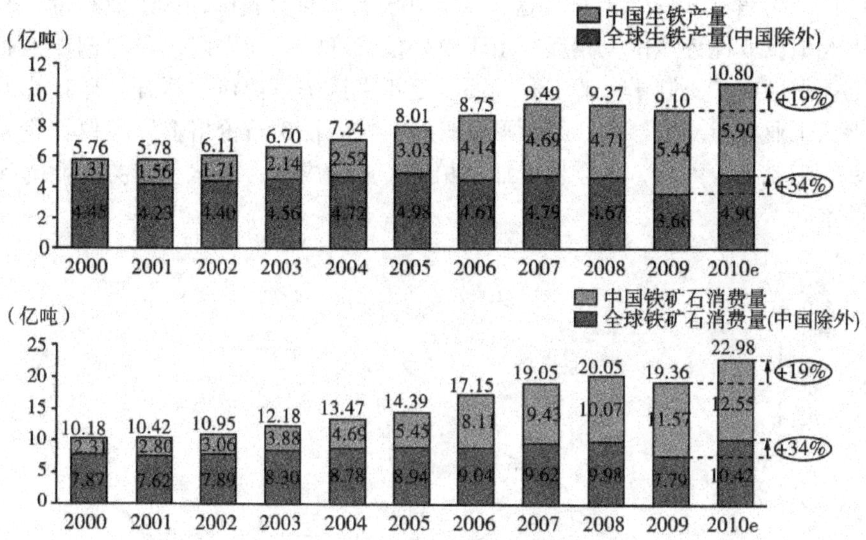

图 2－7　2000～2010 年世界与我国铁矿石消费量、生产铁量对比

从总体上来说，就对经济发展起重要支撑作用的主要金属矿产资源而言，国内的资源供给已无法满足需求，通过国际市场调剂余缺已经成为我国缓解资源压力的重要手段。这种情况表明，随着我国主要金属矿产资源供给对国际市场依赖的不断加深，经济发展也将日益面临“受制于人”的不利因素。

3. 国际市场价格风险加剧，影响我国基础产业安全运行

随着石油、铁矿石等重要资源价格的暴涨，我国石化、钢铁等基础性产业生产经营形势日趋紧张。1970 年以来世界石油价格走势如图 2－8 所示，1993～2010 年世界铁矿石价格走势如图 2－9 所示。

因为成本因素的制约，导致在石化产业格局中，我国炼油行业长期亏损，成品油价格的不断攀升，不仅提高了我国其他相关产业的成本，而且对民生也产生诸多不利影响，具体体现在以下三方面。

（1）增加我国通胀压力。

（2）影响我国宏观经济增长态势。

（3）抑制居民消费需求，影响消费结构升级。

随着铁矿石价格的大幅上涨，我国主要钢铁企业大面积亏损，钢铁工业已成为我国产业体系中销售利润率最低的产业。

当前，我国铁矿石消费量和生铁产量在全球占据绝对优势地位，占全

球比重均超过50%。但是，这种格局并没有转化为我国钢铁工业在世界的支配地位或优势地位，相反，由于对外依赖度的不断提高，我国钢铁工业整体上形成了受制于人的不利局面。近年来铁矿石价格的飙升，导致我国钢铁工业步履维艰，生产经营形势日益严峻。铁矿石价格上涨不仅将我国钢铁工业推人困境，而且也增加了相关产业的成本，压缩了相关产业的利益空间。

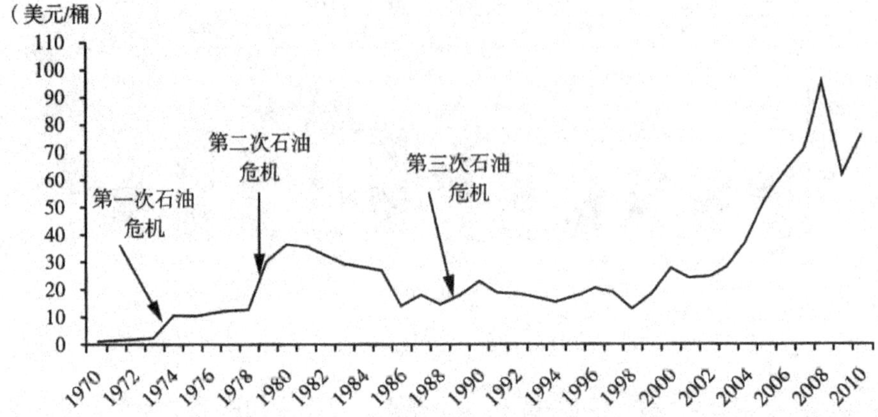

图2－8　1970～2010年以来世界石油价格走势

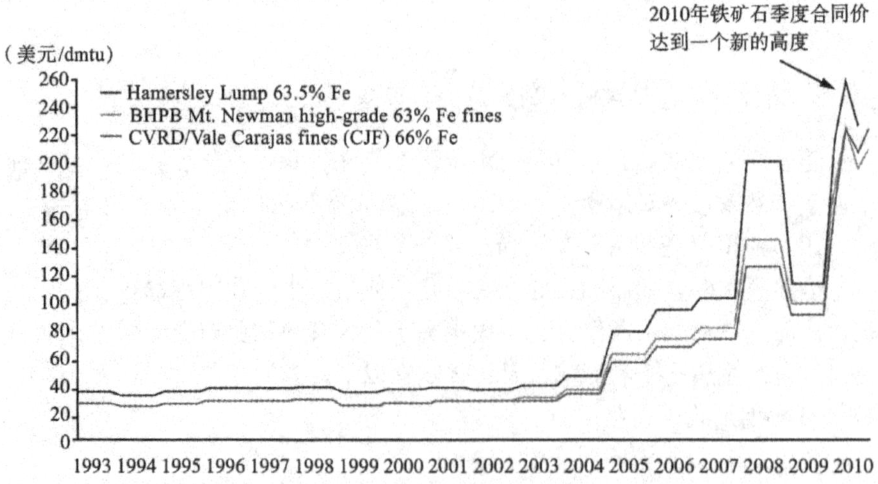

图2－9　1993～2010年世界铁矿石价格走势

4. 主要矿产中长期供需缺口大，宏观经济运行面临较大风险

预计我国经济发展仍将以大量消耗自然资源的物质生产为主。在今后的20年，在人口总量增加、生活水平不断提高的情况下，我国资源消耗总量不可避免地会较大幅度地增加。然而，根据相关预测，在45种主要矿产资源中，能保障2020年需求的只有6种。一些重要的战略性资源供给形势不容乐观，主要资源供需缺口将长期存在。

据测算，未来20年，我国主要资源供需缺口总量情况分别为：石油超过60亿吨；天然气超过2万亿立方米；钢铁30亿吨；铜超过0.5亿吨；精炼铝1亿吨。预计2020年，石油缺口在3.6亿吨左右，天然气缺口在800亿立方米左右，铜缺口在300万吨左右。

第二节　区域经济协调发展的基本格局

本节主要内容包括：经济总量与区域格局、经济结构与区域格局、城市群的经济集聚效应、区域经济竞争力格局以及区域合作水平。

一、经济总量与区域格局

（一）人均GDP及区域对比

经过改革开放30余年的发展，我国经济总量迅速膨胀，目前已成为世界第二大经济体，取得的成就令世界瞩目，为我国全面实现建成小康社会的中长期目标奠定了坚实的物质基础。

如图2－10所示，从1978年到2012年，我国人均GDP从381元上升到42774元，34年时间人均GDP翻了接近七番，扩张势头非常强劲，在世界上也是比较罕见的经济奇迹。人均GDP的快速扩张，使我国经济发展的总量矛盾基本得到解决，为下一步向质量型发展模式转换积累了相对充分的条件。

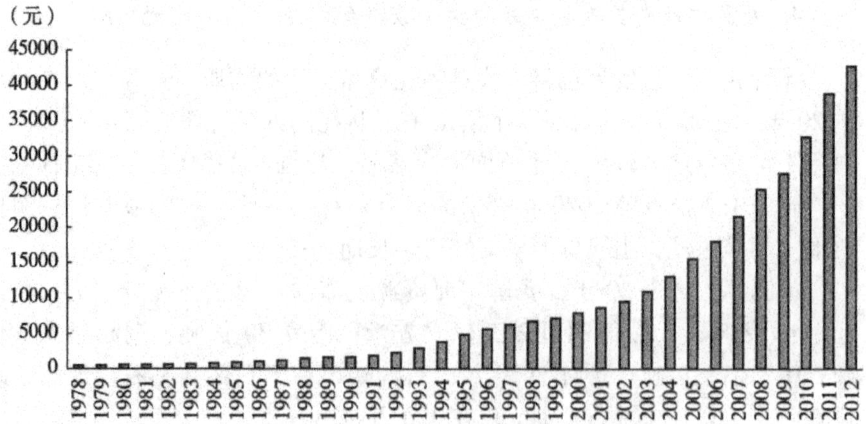

图 2-10　我国人均 GDP 的年际变化趋势

从空间格局看，我国人均 GDP 的区域差距没有呈现出缩小的迹象，区域之间的发展差距依然存在，而且处于比较显著的水平。根据 2012 年我国各省份人均 GDP 的赋值情况，可以将大陆 31 个省级行政区划单位（不含香港、澳门和台湾省）划分为六个层级。其中，东部沿海地区除河北、海南以外，几乎全部处于前三个层级；中西部地区除内蒙古步人前三层级外，其他绝大多数省份都处于后三个层级。具体情况见表 2-1。

表 2-1　2012 年我国人均 GDP 的区域格局

单位：元

人均 GDP	省级行政单位
>70000	北京、天津、上海
60000—69999	江苏、浙江、内蒙古
50000—59999	广东、福建、山东、辽宁
35000—49999	吉林、黑龙江、河北、陕西、重庆、湖北
25000—34999	广西、湖南、江西、安徽、河南、山西、海南、四川、青海、新疆
<25000	西藏、云南、贵州、甘肃、宁夏

根据我国各省份（不含香港、澳门和台湾省）人均 GDP 指数演变的时间断面特征，可初步透视区域差距的形成过程。与 1978 年的情况相比，我国人均经济总量区域格局发生了明显变化。这种变化主要表现为东部沿

海大部分省份人均 GDP 水平大幅度提升，而中西部省份人均 GDP 水平普遍下降。

如图 2 - 11 所示，在改革开放之初，我国人均 GDP 指数除北京、上海、天津三大直辖市“一枝独秀”外，其他省份 GDP 指数大多在全国平均水平上下波动，区域之间没有明显差距；到 2012 年，东部沿海主要省份人均 GDP 指数明显高于全国平均状态，而绝大多数中西部省份相对于全国平均水平没有多大变化，区域差距呈现出显性化的发展趋势。

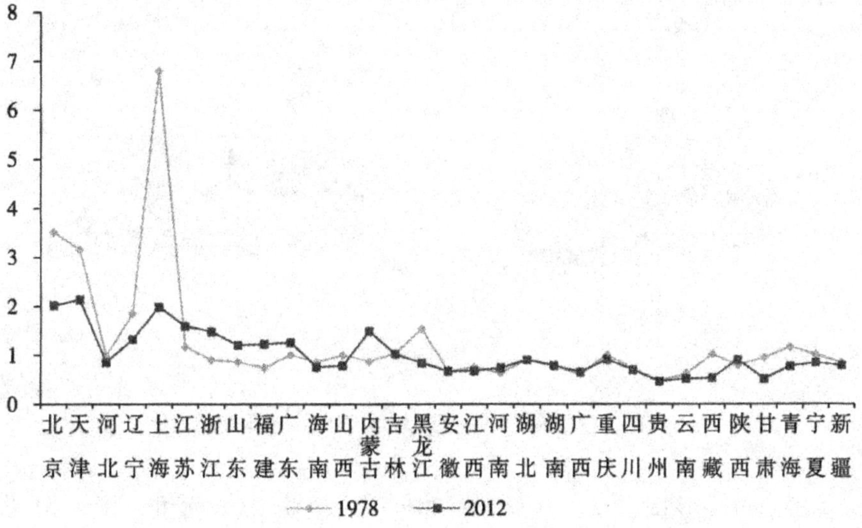

图 2 - 11　1978 年 ~2012 年我国各省人均 GDP 指数对比

（注：GDP 指数为各省份人均 GDP 与全国人均 GDP 比值）

区域发展差距没有得到有效缓解，在一定程度上增加了全面建设小康社会中后期区域协调发展的难度，这将成为影响我国区域可持续发展的主要“瓶颈”因素。

另外，我国当前经济总量虽然已经位居全球第二位，但与美国相比，我国当前经济总量水平仍有相当大的差距。特别是在人均 GDP 方面，与世界发达国家的差距更为明显。因此，对于全面建设小康社会中后期的区域经济发展，在着重推进结构升级进程的同时，仍需要在增加经济总量、促进区域协调发展方面下功夫。

（二）经济总量的空间格局

从我国经济总量的空间赋存状态看，东部、中部及西部地区 GDP 绝对值占全国比重随时间的变化趋势比较明显。我国东、中、西部地区 GDP

占全国比重的对比变化情况见图2－12。

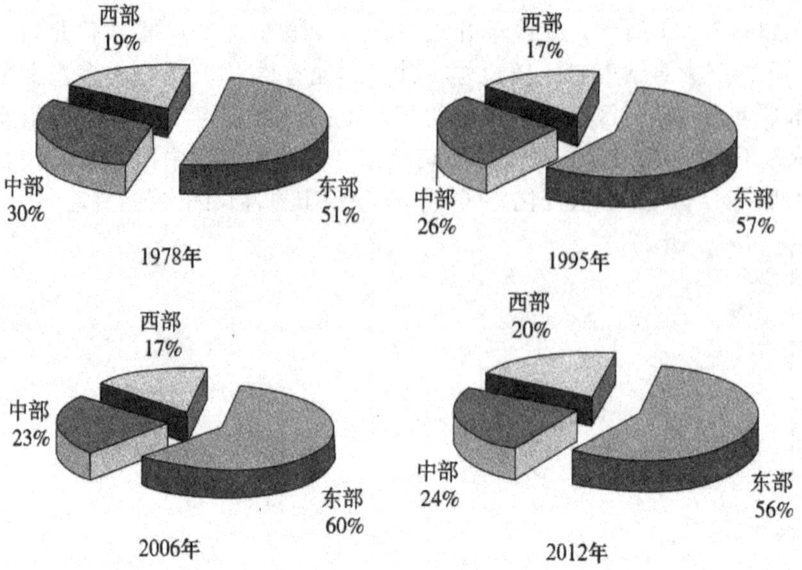

图2－12　我国东、中、西部地区GDP占全国比重对比

1978年，我国东部、中部及西部地区占全国GDP比重分别为51%、30%和19%，基本呈东部地区与中西部地区各占“半壁江山”格局。

进入20世纪90年代以后，经济总量向东部地区集聚的趋势开始加快，我国经济总量东部地区与中西部地区之间相对平衡的格局被打破。到20世纪90年代中期，东部地区GDP占全国比重已达到57%，中西部地区GDP合计占全国比重下降到43%，东部地区与中西部地区占全国GDP比重的差距由1978年的2个百分点扩大到1995年的14个百分点，差距扩大的趋势非常明显。

进入“十二五”时期，东部与中西部地区经济总量上的差距相比于“十一五”时期有所降低，东部地区占比降为56%，中部、西部占比均有所升高，特别是西部地区占比增长明显，由17%提高至20%。但是，东中西部差距大的状况没有得到显著的改善，东部地区依然高于中西部地区12个百分点。

（三）增长能力的区域分异

20世纪90年代中期以前，东南沿海地区一直保持着高速发展的态势，是我国最具有增长活力的区域。

20世纪90年代中期以后，我国经济增长活力的区域格局开始发生变化，快速增长区域逐渐向北部转移，区域经济增长格局“北进”特征非常明显，北部地区经济快速增长，并逐渐成为我国区域增长格局相对稳定的主导趋势。

通过对最近几年各省份发展态势的动态追踪，我们发现各省经济增长呈现新的态势，中西部地区特别是西部地区省份增长态势迅猛。

从2012年经济增长格局看，增长速度进入前五位的省份有贵州、云南、西藏、山西、天津，除天津外，其他省份均为中西部地区省份，特别是西部省份占据了三席；增长速度排在全国第6—10位的省份是重庆、新疆、四川、青海、湖北，除湖北为中部省份之外，其他均为西部地区省份；综合看，排名前10位中的7个省份为西部地区省份，东部地区省份只有天津进入前10位，这表明我国区域经济增长的格局已经逐渐出现向中西部转移的态势。

需要我们注意的是，上海、北京两个直辖市的增长速度呈现出明显的回落趋势。这种情况表明这两个地区可能已经超越数量扩张型的发展阶段，开始向质量提升型的发展模式转变。

总的来看，我国区域增长格局东中西部表现出显著的差异，西部地区增长速度迅速，中部地区增长速度开始提高，而东部地区增长速度逐渐回落，增长格局逐渐呈现出东部地区向中西部特别是西部地区转移的态势。

二、经济结构与区域格局

（一）三次产业的比重变化

中华人民共和国成立以来，随着我国工业化进程的快速推进，尽管第二产业在三次产业结构中的比重有所波动，但一直占据主导地位。从20世纪80年代中期开始，第三产业比重开始超过第一产业，三次产业结构实现了从“213”型向“231”型的结构转换。此后至20世纪末，三次产业的结构转换主要表现为第一产业和第三产业的此消彼长，但结构类型没有发生实质性的改变。

进入21世纪，虽然初期几年曾经出现第二产业比重上升、第三产业比重下降的三次产业结构“逆转”倾向，但是随着经济的增长与调整，第二产业占比开始小幅下降，第三产业占比逐渐上升，并最终于2012年首次超过第二产业，成为国民经济第一大产业。我国三次产业结构转换趋势情况（图2－13）。这表明我国产业结构比例逐渐向合理的方向转变。

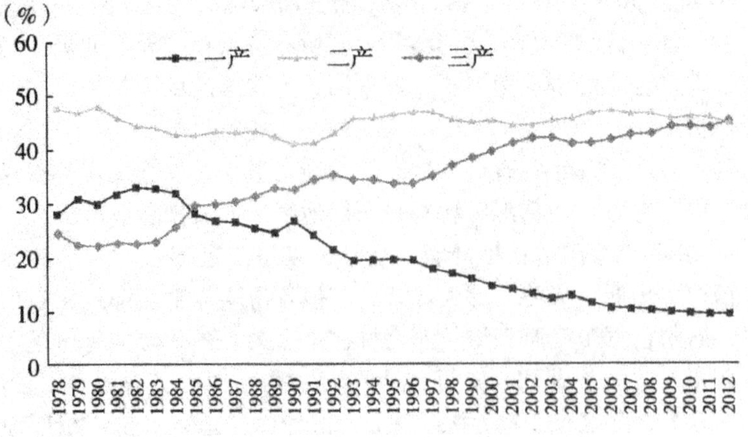

图2－13　我国三次产业结构转换基本趋势

从省域层面看，我国大多数省份三次产业结构类型及演变趋势与全国平均水平保持一致，仅有为数不多的省份三次产结构类型及演变趋势超前或滞后于全国平均水平。三次产业结构类型超前于全国平均水平的省份有三个，分别为北京、上海、西藏；三次产业结构类型滞后于全国平均水平的省份仅有海南一个省，其第一产业仍占较大比重。

从第三产业的发展情况看，2012年第三产业比重超过55%以上的省级行政区域有3个，分别为北京、上海、西藏。不过，西藏是个特例，其三次产业比重较高缘于其经济结构的特殊性。第三产业比重介于51%～55%之间的省份有5个，分别是贵州、天津、海南、广东、浙江。

上述8个省份第三产业比重均高于全国平均水平，是三次产业结构调整进程相对超前的区域。其他多数省份第三产业比重在35%～50%之间，略低于全国平均水平。第三产业比重低于35%的省份有7个，分别是吉林、陕西、江西、四川、青海、安徽、河南，这些省份三次产业结构处于相对低位，存在较大的结构升级压力。

从第二产业的发展情况看，2012年第二产业比重超过55%的省级行政区域有5个，分别为青海、河南、陕西、山西、内蒙古，以中西部省份为主。第二产业比重在50%～55%之间的省份有13个，分别是安徽、江西、吉林、辽宁、河北、重庆、天津、福建、四川、山东、湖北、江苏、浙江。

上述18个省份第二产业比重均高于50%，是工业化进程推进相对超前的区域。第二产业比重在45%～50%之间的省份有6个，分别是宁夏、广东、广西、湖南、新疆、甘肃，这6个省份第二产业比重与全国平均水平大体相当。第二产业比重低于45%的省份有7个，分别是黑龙江、云南、贵州、上海、西藏、海南、北京；其中，上海、北京经济发展程度高，已进入后工业化阶段；西藏、海南则由于经济结构的特殊性造成第二产业占比较低。

（二）轻工业与重工业比重变化

从新中国成立后工业化起步至今，根据我国轻工业与重工业的对比关系，可以确定1963年、1969年、1981年、1999年四个时间拐点（图2－14）。通过这四个拐点，可以将我国工业化进程中轻、重工业对比关系的演变动态划分为以下五个阶段。

（1）1952～1963年，轻工业比重迅速下降，重工业比重快速上升，是这一时期我国工业化进程的主要特征。

（2）1963～1969年，轻、重工业占比互有升降，呈现出明显的波动性特征。

（3）1969～1981年，重工业部门在我国产业体系中居于主导地位，轻、重工业部门的对比关系保持了12年稳定的发展趋势。

（4）1981～1999年，轻工业部门在产业体系中的地位得到明显提升，重工业部门的地位有所下降，重工业部门在产业体系中仍占相对优势地位，但轻、重工业部门比重的差距较小，轻、重工业部门的对比关系趋于稳定、均衡。

（5）进入21世纪，我国轻、重工业部门对比关系发生急剧转折，重工业部门比重大幅度上升，轻工业部门比重则迅速下降，重工业部门占据前所未有的优势。

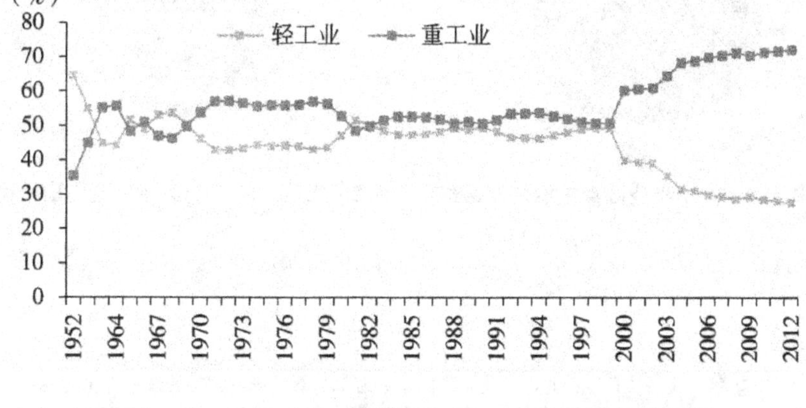

图2－14 1952～2012年我国轻工业、重工业比重演变趋势

综合上面分析可知，从2000年开始，我国经济发展进入新一轮的结构重型化阶段，导致重工业急速扩张，在产业体系中占据绝对优势地位。从各省份产业体系结构看，重工业部门占据主导地位亦成为非常普遍的现象，呈现出明显的区域产业发展整体重型化态势。

据2012年统计数据，当年我国重工业比重最高的省份是山西，其重工业比重高达94.48%；最小的省份是福建，其重工业比重为55.1%。可见，各省份产业结构都表现出重工业主导型的特征。

从区域分异的角度看，重工业比重高于全国平均水平的省区绝大多数集中在中西部地区，而东南沿海地区重工业比重一般低于全国平均水平。

（三）重工业内部结构对比

经过改革开放30多年的发展，虽然我国重工业部门长期以来居于主导地位，但重工业内部结构升级进程依然比较缓慢，特别是在产值结构层面。①

从重工业内部结构随时间变化的角度看，我国重工业结构升级滞后的现象体现得更为直观、明显。

如图2-15和图2-16所示，1991年我国原材料及能源工业、装备制造业占重工业的比重分别为61%和39%，2012年原材料及能源工业、装备制造业占重工业的比重分别变化为64%和36%，呈现出装备制造业占比略有下降的趋势。这种演变趋势表明，我国重工业结构升级仍然任重而道远。

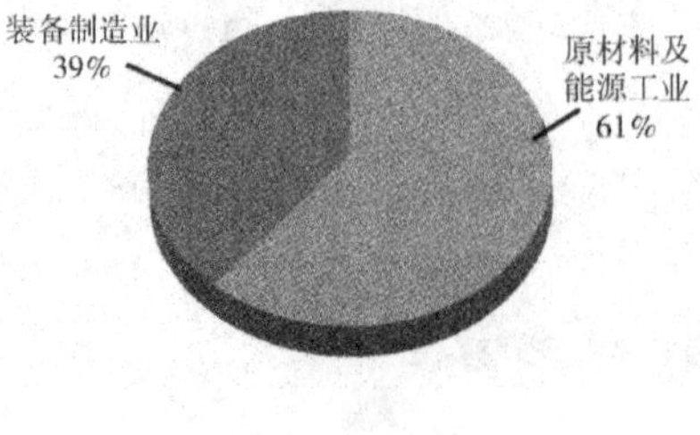

图2-15　1991年我国重工业内部结构

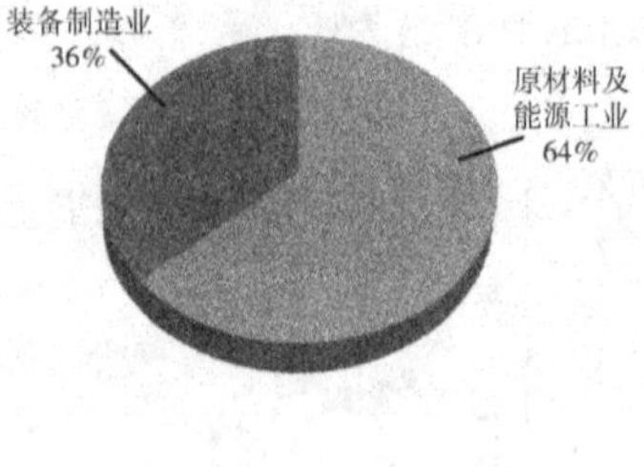

图2-16　2012年我国重工业内部结构

从省区层面看，我国各省份（不含香港、澳门和台湾地区）重工业结

① 1991年，我国装备制造业占工业总产值比重为20%，原材料及能源工业占工业总产值比重为31.6%。到2012年，我国装备制造业占工业总产值比重上升到29%，21年比重仅提高了9个百分点；而原材料及能源工业占工业总产值比重达到50%，较1991年提高近19个百分点。

构层次参差不齐，区域分异比较明显。①

三、城市群的经济集聚效应

改革开放以来，随着市场导向原则的逐步确立，我国经济总量开始向初始条件优越的特定区域集中，而城市群日益成为承载经济集聚的主要载体。在20世纪90年代初期，长三角、珠三角、京津冀、辽中南、成渝、山东半岛等十大城市群GDP占全国GDP总量比重达到44.6%，而其国土面积仅占全国国土面积的11.5%。可见，在20世纪90年代初期，十大城市群的经济集聚效应已初步显现。

20世纪90年代初期以后，经济总量向城市群集聚的态势得到进一步加强。

20世纪90年代中期，十大城市群GDP占全国GDP总量的比重达到51.8%，比1990年上升7.2个百分点，平均每年以1.44个百分点加速集聚。虽然在2005~2008年主要城市群GDP占比有一定的波动与下降，但2008年以后，这一比重又出现显著的回升。到2012年，十大城市群GDP占全国GDP比重达到61.7%，比1990年上升17.1个百分点。

由此不难看出，自20世纪90年代中期以来，我国经济总量向主要城市群集聚的趋势是相当明显的。1990~2012年我国主要城市群经济总量占全国GDP比重年际变化情况如图2-17所示。

① 我国重工业高度化相对指数大于2的省级行政区域有三个，分别是广东、重庆、北京，其中广东重工业高度化相对指数高达5.12，是我国重工业结构层次最高的省份；重工业高度化相对指数介于1~2之间的省级行政区域有6个，分别是上海、天津、江苏、浙江、吉林、福建。上述9个省份除重庆和吉林外，其他省份均处于我国经济发达的东部沿海地区。这些省份装备制造业比重较高，重工业高度化相对指数在全国平均水平之上，是我国装备制造业相对发达的区域。重工业高度化相对指数介于0.5~1之间的省份有7个，分别是海南、湖北、安徽、广西、山东、四川、陕西。这些省份重工业有一定基础，但装备制造业相对发展程度低于全国平均水平。其余大部分省份的重工业高度化相对指数在0.5以下，其中包括重工业基础比较雄厚的辽宁和黑龙江。这两个省虽然装备制造业有一定的基础，但由于原材料工业占据绝对优势地位，因此其结构高度化相对指数远低于全国平均水平。

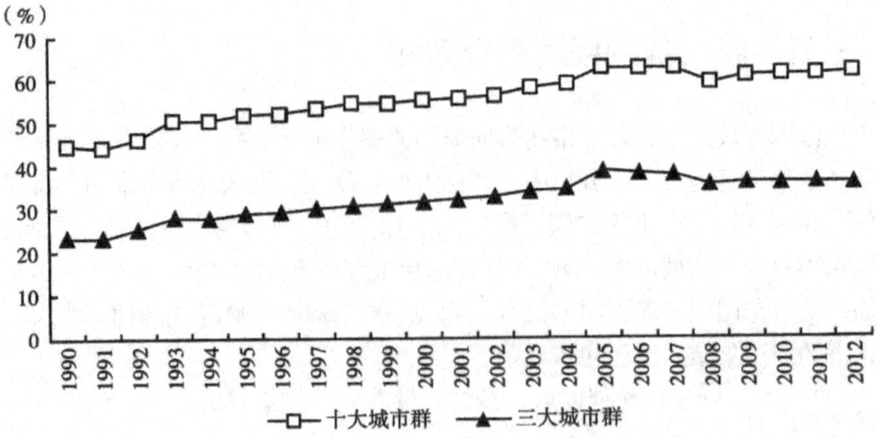

图2-17　1990~2012年我国主要城市群经济总量占全国GDP比重年际变化情况

当然，在本书选取的十大城市群中，不同城市群集聚效应的强弱有明显的差别。其中，长三角、珠三角、京津冀三大城市群GDP占全国GDP总量的比重自1990年到2012年上升了12.39个百分点，集聚效应最为明显；而其他七个城市群GDP占全国GDP总量的比重只上升了4.66个百分点，集聚效应比前述三大城市群要弱得多。1990~2012年我国主要城市群经济总量占全国GDP总量比重情况见表2-2。

表2-2　1990~2012年主要城市群占全国GDP比重变化趋势

城市群	占全国GDP总量的比重									累计增幅（百分点）
	1990	1992	1996	2000	2004	2006	2008	2010	2012	
长三角	12.13	12.77	14.73	15.66	17.29	18.01	16.55	17.00	16.79	4.66
京津冀	6.35	6.31	7.87	8.43	8.84	10.19	9.50	9.86	10.01	3.66
珠三角	5.13	6.16	6.63	7.67	8.50	10.20	9.47	9.38	9.20	4.07
山东半岛	4.44	4.81	5.52	5.68	6.38	6.84	6.46	6.28	6.09	1.65
成渝	4.20	3.88	4.28	4.47	4.54	4.39	4.49	5.07	5.62	1.42

（续表）

城市群	占全国 GDP 总量的比重									累积增幅（百分点）
	1990	1992	1996	2000	2004	2006	2008	2010	2012	
辽中南	4.31	4.13	4.08	4.22	4.40	4.30	4.34	4.53	4.62	0.31
中原	2.41	2.28	2.65	2.51	2.84	3.09	3.10	3.08	3.10	0.69
长江中游	2.78	2.96	2.92	2.68	2.53	2.24	2.27	2.46	2.73	-0.05
哈大齐	1.82	1.72	1.92	2.36	2.08	1.98	1.83	1.85	1.87	0.06
关中	1.10	1.05	1.24	1.35	1.29	1.35	1.37	1.57	1.68	0.58

注：城市群排序以 2012 年其经济总量占全国 GDP 总量比重由高至低为序。

四、区域经济竞争力格局

（一）时序演变动态

1990 年以来，我国不同省份经济竞争力出现了较大起伏，区域竞争力分化的现象趋于明显。根据各省区域经济竞争力指数变化趋势，可以将我国 31 个省级行政区域（不含香港、澳门和台湾省）分为以下三种类型。

1. 区域经济竞争力上升的区域

这类省域共 12 个，分别是北京、天津、内蒙古、上海、江苏、浙江、山东、江西、山西、河南、西藏、青海，基本上是东部省份与中西部省份各占一半。

2. 区域经济竞争力保持稳定的区域

这类省域有 5 个，分别是河北、湖北、重庆、四川、宁夏，主要以中西部省份为主。

3. 区域经济竞争力下降的区域

这类省域有 14 个，分别是辽宁、吉林、黑龙江、安徽、福建、湖南、广东、广西、海南、贵州、云南、陕西、甘肃、新疆，其中中西部省份占绝大多数。

根据相关数据显示，从20世纪90年代初期以来，我国中西部省份经济竞争力改善状态明显不如东部省份。

（二）区域分异格局

自20世纪90年代初期以来，我国大部分东部省域区域经济竞争力保持上升趋势，而绝大多数中西部省域区域经济竞争力则趋于弱化，从而导致我国区域经济竞争力的分化现象进一步加剧。

根据区域经济竞争力的赋值水平，可以将我国省级行政区域（不含香港、澳门和台湾省）划分为五个层级。①

五、区域合作水平

近年来，随着整体经济发展的持续活跃，我国区域合作的步伐不断加快，区域合作在国民经济发展中的地位日益提高，成为促进区域协调发展中极其重要和活跃的力量。总体上看，我国当前区域合作具有以下四个特征。

（一）合作组织发展迅猛

我国各地政府为使经济合作长期化，积极寻求组织制度依托，自发地联合起来成立区域经济合作组织，基本类型主要有省际经济协作组织、省毗邻地区经济协作组织、省内经济协作组织和城市间经济协作组织四种类型。

目前全国已建立了上百个不同规模、不同层次、不同覆盖范围的区域合作组织，这些区域合作组织成为推动经济合作的重要力量。如以广东为核心的泛珠三角合作区、以上海为核心的长三角合作区、以京津冀为核心的环渤海经济圈合作区，还有黄河经济协作区、淮海经济合作区、武汉经济协作区、中原经济合作区等，这些区域合作焕发出前所未有的活力，并

---

① 第一层级区域经济竞争力指数介于82～99之间，包括北京、上海、山东、江苏、浙江、广东、内蒙古七个省区市，是我国当前区域经济发展状态最好的区域；第二层级区域经济竞争力指数介于56～82之间，包括天津、河北、西藏三个省区市，是我国当前区域经济发展前景比较明朗的区域；第三层级区域经济竞争力指数介于45～56之间，包括河南、辽宁、福建、江西、吉林五个省份，是我国具有一定发展基础且发展潜力没有得到充分释放的区域；第四层级区域经济竞争力指数介于37～45之间，包括四川、重庆、湖北、陕西、山西、宁夏、黑龙江七个省区市，是我国当前发展缓慢，具有较大发展潜力的区域；第五层级区域经济竞争力指数介于10～37之间，包括青海、湖南、安徽、甘肃、新疆、海南、贵州、云南、广西九个省区，是我国发展状态较差的区域。

正在成为促进区域协调发展的热点和亮点。

（二）合作主体政企并重

我国各级政府一直是跨区域合作的主要推动者，这一角色定位在2000年以前尤为突出。在当前各级各类区域合作框架下，各级政府的行政力亦是我国跨区域合作的主要推动力量。而且，随着我国市场机制的日益完善，企业作为区域合作主体的地位不断得以强化，企业跨区域发展越来越成为一种趋势：全国顶级的企业几乎没有局限在某一个省，基本都是在全国布点，乃至世界布点。

企业作为区域合作主体的作用日益突出，使我国跨区域合作的推动力量呈现出政企并重的特征。在当前的区域合作中，一方面政府牵线搭桥，发挥引领作用；另一方面企业积极跟进，主动寻求合作，形成所谓“政府搭台、企业唱戏”格局。这种政企并重的区域合作格局充分发挥了政府和企业两方面的积极作用，在实践中产生了良好的运作效果。

（三）合作机制有所改善

为便于地区政府间的沟通与协调，目前大多数省份设有专门负责区域合作工作的职能机构，很多合作区域也都建立了相对固定的沟通与协调机制，从而有效推动了区域合作的深度和广度。其主要活动形式包括组织合作区内不同地区之间开展双向经验交流和参观学习，高层领导互往；轮换地点定期召开高层领导人联席会议；建立省（区、直辖市）长或市长专员联席会；正式设立协作区的常设办事机构等等。合作机制的建立与完善，为区域之间开展互利合作创设了有效的互动平台，成为地方政府推动区域合作的重要途径之一。

（四）合作领域深化拓展

需要我们注意的是，随着区域合作进程的不断推进，区域合作的领域和范围也不断扩展，并突破以剩余物质交换为主要形式的传统区域合作框架，呈现出向宽领域、全方位的合作与相互开放阶段转变的特征。

当前，我国区域合作以商品自由流通、相互投资和要素交流为主要内容，合作的领域和重点已拓展到发展战略的相互对接、产业结构的整体布局、对外贸易政策和行动的统一安排、跨区域基础设施的共享共建，乃至地区经济社会政策的相互协调等诸多方面。随着全国统一大市场的建立，区域之间的合作会更加密切、更加频繁。

第三章　我国区域经济协调发展的现状与新局面

对我国当代区域经济协调发展理论及战略实施进行研究，需对区域经济协调发展的现状与新局面有所了解。

本章主要内容有：我国区域经济协调发展的现状、我国区域经济协调发展过程中面临并亟待解决的问题、我国区域经济协调发展的新局面及我国区域经济协调发展在社会资本视角下的理论重建。

第一节　我国区域经济协调发展的现状

为了让区域之间可以更好地协调发展，我国先后实施了西部大开发(1999 年)、全面振兴东北老工业基地（2003 年）、中部地区崛起（2006 年）战略，同时出台相关政策措施，使国家区域发展总体战略框架得以构建。

总的来说，以中、东、西部以及东北四个区域为基点，确保了全国经济规划、安排的科学性和合理性，对各区域之间的协调发展和优势互补非常有益，并有助于区域经济新格局①的形成。

一、城市群作用显著

城市群是区域经济活动集聚的结果②，是我国经济发展的动力之一，我国较为典型的三个城市群和部分城市群化区域每年为我国创造很大的经济价值。

---

① 优势互补、合理分工、良性互动、协调发展。

② 工业化和城市化的快速发展让各城市彼此的行政边界变得越来越模糊，而经济活动却能让城市之间的联系变得更加紧密，经济活动的区域化不断加深。

中国正在形成的23个城市群呈现为“15+8”① 的空间结构格局，依照标准如下。

（1）人口规模不低于2000万人。

（2）城市化水平大于50%，非农产业产值比率超过70%。

（3）城市群内都市圈或大城市数量不少于3个，至少有1个特大或超大城市为核心。

（4）人均GDP超过3000美元，经济密度大于500万元人民币/平方公里。

另外，“十三五”规划纲要指明提升城市群建设发展的速度：首先，要让东部地区城市群有所优化和提升，让京津冀、长三角、珠三角世界级城市群得以建立，促进山东半岛、海峡西岸城市群的开放竞争水平。其次，要多对中西部地区城市群进行培育，不断提升山西中部、黔中、滇中、宁夏沿黄等区域城市群的规划引导与发展，促使更多区域发展的增长级形成。最后，要推动城市群发展协调机制的建立健全，促进城市群间的协调联动，实现城市群一体化高效发展。

二、相对差距缩小，绝对差距扩速放缓

首先，地区之间经济的差异情况可通过变异系数、基尼系数和泰尔指数三个指标来衡量，我们计算出② 各省、市、区③ 历年④人均GDP三个指标的值并将其以图例形式呈现（图3-1）。

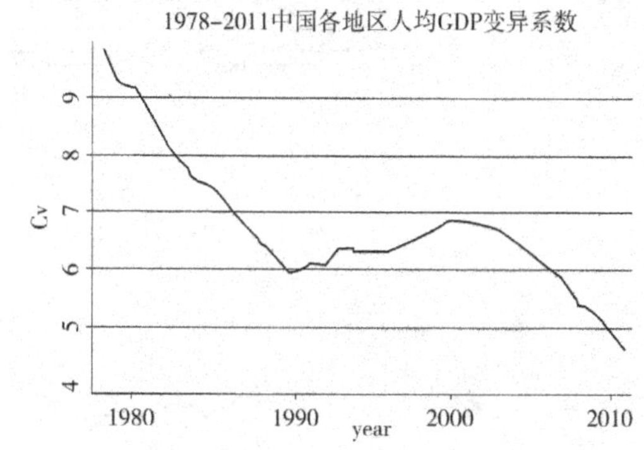

(a)

① “15”指15个达标城市群，包括长江三角洲、珠江三角洲、京津冀、山东半岛、辽东半岛、海峡西岸、长株潭、武汉、成渝、环鄱阳湖、中原、哈大长、江淮、关中、天山北坡等；“8”指8个未达标城市群，包括晋中、黔中、滇中、银川平原、北钦防、呼包鄂、酒嘉玉和兰白西等。

② 使用的分析软件为Stata 13．0。

③ 包括全国30个省、市、区，其中重庆1997年以前的数据来自于《重庆统计年鉴》(2008)。

④ 所选时间段为1978~2011年。

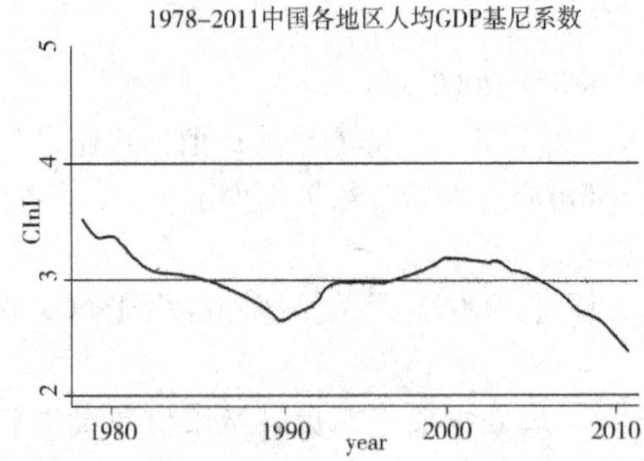

(b)

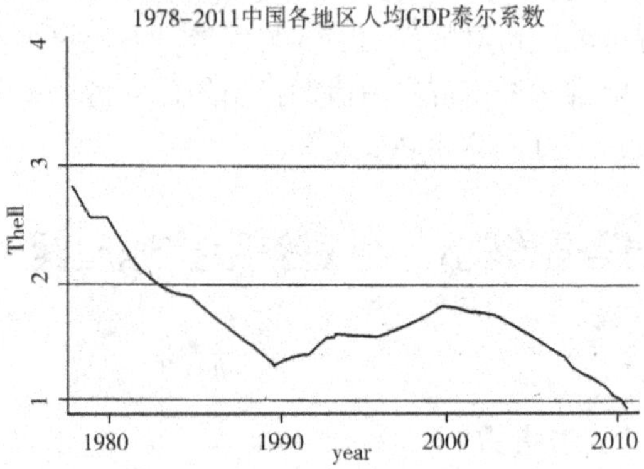

(c)

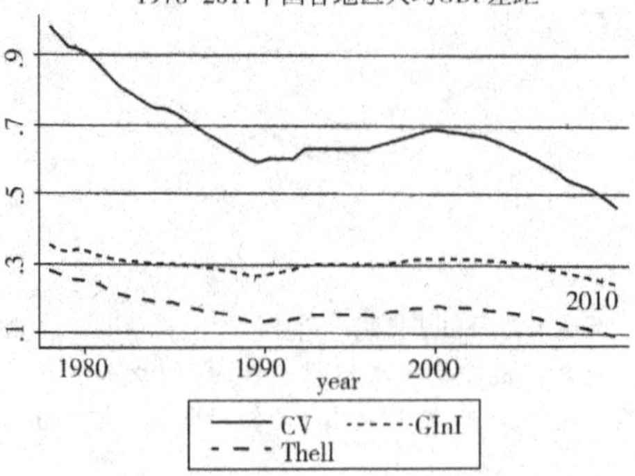

(d)

图3-1　1978~2011年中国各地区人均GDP差距

图3－1清楚地描述了这三种指标的变化趋势：1978～1991年，三个指标逐渐降低，均在1991年前后达到了最小值；1991～2000年，三个指标均逐渐升高，在2000年前后达到了最大值；2001年以后，三个指标在初期趋缓，后又逐渐降低。分析这一变化趋势可知：从20世纪90年代初期，我国各地区差距慢慢拉大，这种差距持续扩大态势一直持续到2000年左右。进入21世纪的头几年，各地区差距逐渐缩小。

其次，赵家章（2011）的研究已经对前两个阶段的趋势做了较为详细的分析，以下主要集中于分析21世纪后，特别是2003年以后的中国各区域主要经济指标的变化情况及最新趋势。并且，分析主要是通过分区域考察GDP比重、人均GDP、贸易总额、城镇居民可支配收入以及农村居民可支配收入等几个宏观经济指标以对近年来区域协调发展的整体态势进行了解。

根据表3－1，2003～2013年间，东部地区占全国GDP的比重基本呈现逐年下降的趋势，从2003年的58.5%下降为2013年的51.2%。中部地区占全国GDP的比重则呈现了先下降后上升的趋势，从2003年的24.6%下降到2006年的最低点18.7%，然后又逐渐回升到20%。西部地区则呈现了逐年增加的态势，从2003年的16.9%，稳步增加到2013年的20.0%。尽管东部地区GDP比重逐渐下降，但仍旧保持着较高的水平。

表3－1　2003～2013年分区域GDP比重变化①

GDP	东部	中部	西部	东北
2003	58.5	24.6	16.9	9.6
2004	59.4	23.6	17.1	9.3
2005	55.6	18.8	16.9	8.7
2006	55.7	18.7	17.1	8.5
2007	55.3	18.9	17.4	8.5
2008	54.3	19.3	17.8	8.6
2009	53.8	19.3	18.3	8.5
2010	53.1	19.7	18.6	8.6

① 数据来源：《中国区域经济统计年鉴》（2004—2014）。该年鉴对于区域的划分，2004年以前是按照东中西三个区域划分，即东部11个省份、中部8个省份、西部12个省份，东北的辽宁属于东部地区，黑龙江和吉林归为中部地区。因此，文中尽管把2003、2004年东北3省的经济指标单独列出来，但是统计中仍分别归为东部和中部。2004年以后该年鉴按照东、中、西、东北四个区域进行划分。

（续表）

GDP	东部	中部	西部	东北
2011	52	20	19.2	8.7
2012	51.3	20.2	19.8	8.8
2013	51.2	20.2	20	8.6

表3－2是2003～2013年间分区域人均GDP变化及趋势情况。这期间，东部人均GDP最高，其次是东北，然后中部，最后是西部。不过观察趋势我们能够看出：中西部以及东北地区与东部人均GDP的相对差距在逐渐缩小，这点可以从东部与三个地区的人均GDP的比率得到印证。2003年，东部与中、西以及东北地区人均GDP的比率分别为2.12、2.68、1.4；2013年，该比率分别降为1.76、1.81、1.25。东部与其他地区相对差距逐渐缩小，表明我国区域协调发展迈出了坚实的步伐。不过，现在这种相对差距缩小的态势并不是特别稳定，各地区之间绝对差距仍旧很大。2011年东部地区人均GDP已经超过了6万元，东北地区也接近4万元，而中西部地区只有3.5万元左右。

表3－2　2003～2013年分区域人均GDP变化及比较

人均GDP（元）	东部	中部	西部	东北	东/中	东/西	东/东北
2003	16919	7977	6306	12078	2.12	2.68	1.4
2004	20331	9198	7730	13548	2.21	2.63	1.5
2005	23768	10608	9338	15982	2.24	2.55	1.49
2006	27567	12269	10959	18277	2.25	2.52	1.51
2007	32283	14754	13212	21573	2.19	2.44	1.5
2008	37213	17860	16000	25955	2.08	2.33	1.43
2009	40800	19862	18286	28566	2.05	2.23	1.43
2010	46354	24242	22476	34303	1.91	2.06	1.35
2011	53350	29229	27731	41400	1.83	1.92	1.29
2012	57722	32427	31357	46014	1.78	1.84	1.25
2013	62405	35357	34491	49606	1.76	1.81	1.25

资料来源：中国区域经济统计年鉴（2004—2014）。

表3－3是2003～2013年间分区域贸易总量的变化情况。2003年，东部地区对外贸易总量占全国比重为92.4%，2013年下降为83.7%。中、西部地区这一比重略有提升，分别维持在4.5%、5%的水平，东北地区变化不大，维持在4.2%左右的水平。从中我们能够看到，东部地区的对外贸易比重虽然在不断减少，但还是对外贸易的集中地区，这一事实并没有发生改变。

表3－3　2003～2013年分区域贸易总额及比重变化

人均GDP（元）	东部	中部	西部	东北	东/中	东/西	东/东北
2003	16919	7977	6306	12078	2.12	2.68	1.4
2004	20331	9198	7730	13548	2.21	2.63	1.5
2005	23768	10608	9338	15982	2.24	2.55	1.49
2006	27567	12269	10959	18277	2.25	2.52	1.51
2007	32283	14754	13212	21573	2.19	2.44	1.5
2008	37213	17860	16000	25955	2.08	2.33	1.43
2009	40800	19862	18286	28566	2.05	2.23	1.43
2010	46354	24242	22476	34303	1.91	2.06	1.35
2011	53350	29229	27731	41400	1.83	1.92	1.29
2012	57722	32427	31357	46014	1.78	1.84	1.25
2013	62405	35357	34491	49606	1.76	1.81	1.25

资料来源：中国区域经济统计年鉴（2004—2014）。

根据表3－4，2003～2013年间，东部的城镇居民人均可支配收入和农村居民人均可支配收入都要比其他三个区域要高，但具体表现又有所不同。我们分别计算东部与中、西以及东北地区的城镇居民和农村居民人均可支配收入之比，图3－1－2更为清晰地给出了这一比例变化趋势。（a）图显示，东部与其他三个地区城镇居民人均可支配收入之比均是先上升，2005年左右达到最大值，然后逐渐下降。（b）图显示，东部与其他三个地区农村居民人均可支配收入之比基本呈现了逐年下降的趋势。另外，我们还可以发现，不同区域的城镇居民人均可支配收入均高于农村居民人均可支配收入。

表3－4　分区域城镇及农村居民人均可支配收入情况

年份	东部		中部		西部		东北	
	贸易量（亿美元）	比重（%）	贸易量（亿美元）	比重（%）	贸易量（亿美元）	比重（%）	贸易量（亿美元）	比重（%）
2003	7864.6	92.4	366	4.3	279.3	3.3	379.9	4.5
2004	10693.2	92.6	485.3	4.2	367	3.2	479.9	4.2
2005	12781.6	89.9	415.1	2.9	451.3	3.2	571.1	4.0
2006	15795.9	89.7	539.8	3.1	576.7	3.3	691.6	3.9
2007	19337.7	89.0	743.0	3.4	785.9	3.6	870.7	4.0
2008	10061.9	87.7	989.3	3.9	1067.3	4.2	1089.0	4.2
2009	19470.5	88.2	779	3.5	916.7	4.2	909.1	4.1
2010	26056.5	87.6	1168.9	3.9	1283.9	4.3	1230	4.1
2011	31386.7	86.2	1626.7	4.5	1839	5.0	1566.2	4.3
2012	32710.8	84.6	1933.9	5	2364	6.1	1662.4	4.3
2013	34826.9	83.7	2195.7	5.3	2775.5	6.7	1791.9	4.3

资料来源：中国区域经济统计年鉴（2004—2014）。

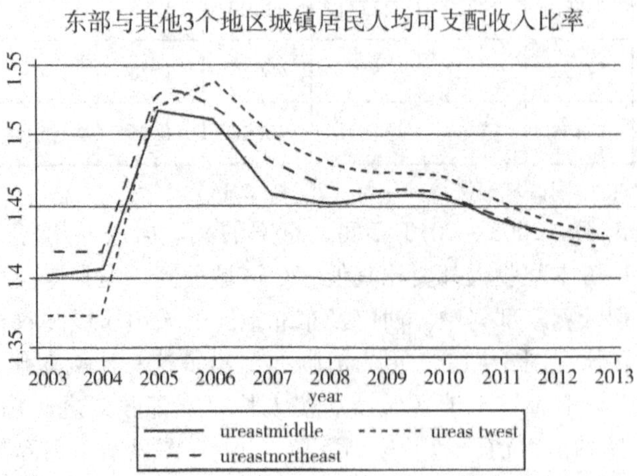

（a）

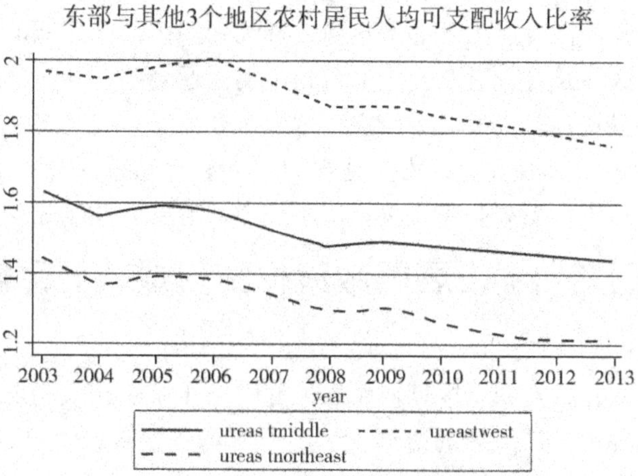

（b）

图 3－2　2003～2013 年间东部与其他 3 个地区城镇及农村居民人均可支配收入比率变化

最后综上我们可知：相对于 20 世纪 90 年代，中国区域之间差距逐渐扩大的趋势在进入 21 世纪后有所放缓，区域差距基本保持“相对差距略有缩小、绝对差距扩速放缓”态势①。

三、区域合作日益加强，合作机制逐步完善

近年来，我国区域合作广度、深度持续拓展。“十三五”规划纲要进一步指出要创新区域合作机制，加强区域间、全流域的协调协作。

首先，长三角地区很早就有区域合作模式的成功经验，有一定积累。该地区不仅建立了区域合作对话机制，还签订了各种专业和层次的区域合作框架协议，同时企业在区域合作里所扮演角色也越来越重要。

其次，京津冀地区是我国重要的工业基地之一，同时还是国家政治文化中心。该地区合作的加速离不开以下几点：一是官方合作机制的启动，京津冀协同发展已经达成共识；二是交通基础设施一体化的过程中建立以北京为中心的都市圈规划建设，铁路和等级公路的建设完善形成了京津冀都市圈交通网络；三是生态环境保护的合作机制的建立，可推动区域之间的合作。

① 这种表述方法参考了刘勇（2013）的研究。

最后，泛珠三角地区分工合作得以顺利建立并进行是由该区域的地理位置，以及其经济发展水平的不平衡，资源和经济结构之间的互补性所决定的。该地区一是开设官方合作平台并定期沟通会晤，商讨区域合作的重大事宜，并且在各省市发改委设立区域合作办公室；二是筹办区域合作发展论坛、经贸合作洽谈会，为企业构筑平台，鼓励企业参与到区域合作中；三是签订了一系列合作协议，涉及交通、治安以及能源等多个方面。

四、区域协调发展的政策框架形成，但仍需进一步完善

到现在为止，对我国区域协调发展起引导作用的相关制度和政策框架基本形成，促进了区域间的协调发展，中西部地区经济增速态势也良好。但是，我国人多地广，推动区域协调发展依旧是一个不可松懈的任务，相关的政策体系仍存在进一步完善的可能。提升特殊地区发展的扶持力度，建立健全特殊地区的帮扶机制，促进对口支援的发展，形成经济、科技、干部、人才等全方位支援体系。并且根据不同区域的资源环境承载能力、现有开发密度和发展潜力，中央从战略层面明确了各地区的总体功能定位和政策导向，进一步优化开发格局，规范开发秩序，促进了经济社会与人口、资源环境的协调发展。区域发展战略的逐步完善和区域发展的巨大成就，为在新起点上促进区域协调发展奠定了重要基础。

（一）加强机构建设

从西部大开发开始，国家即成立了专门的领导小组和办公室[①]，由各个部委抽调的人员组成。

在西部开发办的协调下，国家进行了西部基础设施的规划和建设，包括“四大工程”、交通基础设施建设和生态保障项目。

（二）政策适用主体明确，各种相关政策能够统筹兼顾

区域政策作用对象很明确，同时依照对象可以展开动态调整，国家可以在区域格局变化与宏观形势的基础上因地制宜地对政策予以调整、撤换、颁布等。在政策的实施中完善了直接援助政策和间接援助政策，分别

① 专门办公室职责如下：首先，对国家各部门分散的职能和区域政策搭配实施予以整合，包含税收、投资、金融、环保、农业等方面。其次，对各个层级、部门之间的关系，即中央和地方、地方之间、政府与企业的关系予以协调，目的是促进政策执行力和实施效果的提升。最后，区域的可持续发展和均衡发展要由专门办公室统筹规划。

作用于直接进行重大项目投资、改善投资环境和保障福利、完善发展基础设施和创建工业园区上。

“十三五”规划纲要明确提出四种健全区域协调发展的机制：

（1）创新区域合作机制，加强区域间、全流域的协调协作。

（2）建立健全生态保护补偿、资源开发补偿等区际利益平衡机制。

（3）鼓励国家级新区、国家级综合配套改革试验区、重点开发开放试验区等平台体制机制和运营模式创新。

（4）完善支援制度和措施，通过发展“区地经济”、共建园区等合作平台、建立互利共赢、共同发展的互助机制。

第二节 我国区域经济协调发展过程中面临并亟待解决的问题

一、区域间不正当竞争

我国如今还是在转型阶段，市场经济还有不完善的地方，其中区域间的不正当竞争表现得特别明显。

不正当竞争主要表现在要素价格竞争和产品市场竞争上：

（1）地区间在竞争中会人为地对要素价格予以改变，并提供很多不同的优惠政策来吸引资金流入。这种竞争方式使进驻企业的成本降低，在竞争中处于有利地位，实际却有损市场的公平竞争。

（2）在产品市场方面，部分地区为保护本地企业，以邻为壑，使市场分割并阻碍要素的自由流动，促使企业交易成本的上升。该行为让部分企业没有了市场竞争环境的束缚，实际上却对企业发展和地区经济发展有所阻碍，也不利于市场对资源的有效配置，使市场在资源配置中的决定性作用难以发挥。

二、区域间基本公共服务不均等

若以四大区域为对象，我国区域之间、区域之内的差距都比较大，包括教育、医疗、科技等多个方面。尤其是在科技发展水平上，它们之间的差异最大。以2013年的数据为例：东部地区、中部地区、东北地区、西部地区的国内专利申请授权量占全国的比重分别为75%、12%、4%、

1%，国内专利申请授权量为东部16.64件，中部3.7件，东北4.32件，西部2.94件；在教育、医疗资源上，东部地区占全国比重均为将近40%，东北地区占10%，中西部地区各占25%左右的比重，基本上是和各地区占全国总人口数比例是一样的。四大区域内部在资源分布和经济发展水平上也不一样，这一点在西部地区特别突出。

经济发展水平的高低对区域基础设施的建设程度有决定性作用，经济发展水平高的地区往往基础设施更为完善。

若只看交通、供水、供热等基础设施建设情况的话，2000年以后经济高速和平稳发展，中西各地区基础设施和过去相比都有很大程度的改善，不过区域之间差距依旧十分明显。

西部地区投资不足，建设有一定困难；东部地区基础设施非常完善，但一些城市基础设施建设没有办法满足人口聚集和产业发展的要求。我国各地区城市化进程速度的提升，发展中城市规模的扩大和居民对于提高生活质量的需求都对完善基础设施建设提出了要求。包括城市交通、通信系统和网络系统的建设；大城市的郊区化则提高了对区域基础设施质和量的双重需求①。

三、资源环境约束压力日益加大

现在我国很多地方过度对土地、能源和矿产资源进行消耗，不少地区还依旧保持粗放型的发展模式②，单位GDP能耗比发达国家高很多，一方面让我国能源、矿产资源储备量减少，另一方面也加剧了资源的对外进口依赖，导致区域经济发展和经济环境安全受到很大影响。

从国际方面看，在经济全球化和区域经济一体化深入发展的背景下，以全球变暖为主要标志的全球气候变化已经成为当今国际社会普遍关注的焦点问题。

另外，我国依旧是在工业化、城镇化迅速发展的阶段，经济结构调整的任务较重。双重的压力对处于产业层级较低的西部地区而言带来了较大的制约，同时对东部地区的发展也不可避免地产生了影响。

---

① 王延中．基础设施与制造业发展关系研究［M］．北京：中国社会科学出版社，2002

② 这种粗放型的增长模式具体表现为资源和环境透支两个方面。资源透支型经济增长模式是指区域经济增长靠大量高能耗、高污染、低附加值的资源和劳动密集型制造业拉动的经济增长模式。环境透支型经济增长方式是以不断将资源变为废物的数量型增长拉升GDP数字，是以资源环境和公众健康不断透支为基础的。

四、中西部地区发展基础仍旧薄弱

我国中西部落后地区的很多问题都较为普遍，如交通条件较差、投资条件较差、生态条件脆弱、产业结构形式以农业为主、教育文化水平不高、劳动者素质较差等。这些问题混合在一起，就导致这些地区的开发相对来说不是很方便，表现为：缺乏富余劳动力，工、农业基础弱较难进入工业化，交通不畅造成当地市场信息落后于区域外市场，企业在竞争中发展难度较高。所以这些地区的发展离不开对资源的开发和国家的扶贫资助，但中西部地区生态环境脆弱、市场体系发育滞后、基础设施落后、经济结构不甚合理等问题还没从根本上解决掉，而这些也正是约束该地区发展的十分重要的因素。

五、促进区域协调发展的政策体系还不健全

虽然我国区域政策框架已经建立，不过没有健全的全国性区域协调机构与法律方面的相应保障。国家将区域政策权责分散到各部委，很难形成统一协调发展的合作，不能为实现资源要素整合和合理配置提供机制性服务。缺少层次分明又紧密联系的协调发展机制，同时因为没有全国性区域协调发展机构，使同级区域彼此的争端得不到机构的处理和执行监管；在中央和地方两级之间，利益无法统一，财政政策没有有效的执行力。并且因为没有有效的相关评价手段，地区协调发展成效不明显，区域绝对差距仍在扩大，即使在同一区域内部，因为有不同的行政主体，竞争性常比较高。利益得不到保障的地区慢慢地不再愿意承担政策任务，得到外部利益的地区则不愿更改规划，造成区域矛盾升级和区域结构问题。

在“十二五”规划纲要里，中央提出了实施区域发展总体战略，不过没有相关法律体系限制地方政府相关责任和保障加以规划得以实施，出现了一定程度上的形式主义问题。同时，由于没有法律保障，因此区域规划在市场微观主体的指导和调控方面显得非常无力。

另一方面，区域协调政策没有相对来说比较有效的执行程序、科学规划与衡量指标。自上而下的政策实施过程中往往会有各种各样的政策失效问题，缺少科学系统的调研环节，常会因此而发生政策和当地实际情况不符、政策取向歪曲等问题；功利的开发模式对经济持续发展与综合环境质量的要求有所忽略，包括区域布局、人文和生态环境、自然资源的合理开发与保护等；在区域发展的衡量方面，现行办法多采用传统的 GDP、经济

产出和发展速度、增长幅度等指标，这些指标只能将数量的变化体现出来，却对质量不甚在意，没有办法合理、全面考虑地区发展的情况和考评发展的质量与效益。所有的这些问题导致区域规划中中央与地方、各个区域之间、地方政府和企业之间的协调意见无法一致，政策没有相应的执行力。

“十三五”期间，我国应继续以区域发展总体战略为基础，以“一带一路”建设、京津冀协同发展、长江经济带发展为引领，形成沿海沿江沿线经济带为主的纵向横向经济轴带，塑造要素有序自由流动、基本公共服务均等、主体功能约束有效、资源环境可承载的区域协调发展新格局。

第三节　我国区域经济协调发展的新局面

现有文献基本认可1990年后中国区域差距扩大的事实。不过新世纪后中国区域经济发展仍有部分新的态势和特点，本节将利用已有研究成果，对改革开放以来中国地区差距的变化趋势作比较准确的描述性分析。本研究将主要采用以省级行政单位为基础进行地域单元的划分，另外辅以三大地带（东、中、西部）①、四大区域（东、中、西、东北）② 和两大地带（沿海和内地）的划分方法。

中国区域增长格局自改革开放以来的演变主要包含三个阶段，具体来看：1978～1990年是第一阶段，以珠江三角洲为龙头的华南地区崛起、东北地区的地位明显下滑；1991～2002年是第二阶段，以长江三角洲为代表的华东地区日益成为中国区域增长的龙头，华中地区的比重现状下降；2003年至今是第三个阶段，以能源原材料大省为代表的中西部地区增速日益加快，在全国区域增长格局中的作用一天比一天上升，东部沿海省份的地位有所下降。③ 在相关政策的影响下，我国区域发展战略和区域政策的实施取得了良好效果，现在呈现出相互促进、竞相发展的新格局。

① 东部地区包括北京、天津、河北、辽宁、上海、江苏、浙江、福建、山东、广东和海南11个省、市，中部地区包括山西、吉林、黑龙江、安徽、江西、河南、湖北和湖南8个省份，西部地区包括重庆、四川、贵州、云南、西藏、陕西、甘肃、青海、宁夏、新疆、内蒙古和广西12个省、市、区。

② 东部的辽宁、中部的黑龙江和吉林归为东北地区。

③ 宣晓伟．中国未来的区域增长格局研究［J］．区域经济评论，2013年，(4)

一、我国区域发展战略

（一）振兴东北地区等老工业基地

2002年，“支持东北地区①等老工业基地加快调整和改造，支持以资源开采为主的城市和地区发展接续产业”在中共“十六大”报告中首次被明确提出。随后的2003年10月，中共中央、国务院联合发布《关于实施东北地区等老工业基地振兴战略的若干意见》标志着振兴东北地区等老工业基地战略的全面启动，意见提出：“将老工业基地调整改造、发展成为技术先进、结构合理、功能完善、特色明显、机制灵活、竞争力强的新型产业基地，使之逐步成为我国经济新的重要增长区域。”《中华人民共和国国民经济和社会发展第十一个五年规划纲要》对东北等老工业基地振兴战略做出了明确的战略部署②。

2003年12月，为实施东北地区等老工业基地振兴战略，加快东北地区等老工业基地发展，国务院决定成立国务院振兴东北地区等老工业基地领导小组，其主要任务包括以下几点：第一，组织贯彻落实中共中央、国务院关于振兴东北地区等老工业基地的方针、政策和指示；第二，审议东北地区等老工业基地振兴战略、专项规划、重大问题和有关法规；第三，研究审议振兴东北地区等老工业基地的重大政策建议，协调东北地区等老工业基地经济社会全面发展。领导小组组长由中央政治局常委、国务院总理温家宝兼任。

此后，国务院及有关部门、各级地方政府先后出台、制定并采取了一系列政策手段，以贯彻落实东北等老工业基地振兴战略，涉及金融、国有

---

① 本书东北地区范围界定为东北三省，其土地面积为78.8万平方公里，占全国总面积的8.2%；总人口10884.6万人，占全国总人口的8.3%（2009年末）；东北地区振兴规划的范围包括：辽宁省、吉林省、黑龙江省和内蒙古自治区呼伦贝尔市、兴安盟、通辽市、赤峰市和锡林郭勒盟（蒙东地区）。

② 《中华人民共和国国民经济和社会发展第十一个五年规划纲要》指出：“东北地区要加快产业结构调整和国有企业改革改组改造，在改革开放中实现振兴。发展现代农业，强化粮食基地建设，推进农业规模化、标准化、机械化和产业化经营，提高商品率和附加值。建设先进装备、精品钢材、石化、汽车、船舶和农副产品深加工基地，发展高技术产业。建立资源开发补偿机制和衰退产业援助机制，抓好阜新、大庆、伊春和辽源等资源枯竭型城市经济转型试点，搞好棚户区改造和采煤沉陷区治理。加强东北东部铁路通道和跨省区公路运输通道等基础设施建设，加快市场体系建设，促进区域经济一体化。扩大与毗邻国家的经济技术合作。加强黑土地水土流失和东北西部荒漠化综合治理。支持其他地区老工业基地的振兴。”

企业改革、对外开放和基础设施建设等多个方面。2005年6月，国务院办公厅发布了《关于促进东北老工业基地进一步扩大对外开放的实施意见》；2006年8月，继上海洋山、天津东疆保税港区之后，国务院正式批准设立大连大窑湾保税港区；2007年8月，国务院正式批复《东北地区振兴规划》；2009年，国务院先后批复了《辽宁沿海经济带发展规划》和《中国图们江区域合作开发规划纲要—以长吉图为开发开放先导区》，并发布了《关于进一步实施东北地区等老工业基地振兴战略的若干意见》，从9个方面提出28条推进东北地区等老工业基地全面振兴的具体手段；2010年4月，经国务院同意，国家发展改革委①正式批复沈阳经济区为国家新型工业化综合配套改革试验区。

（二）促进中部地区崛起

首次明确提出促进中部地区②崛起战略的是温家宝总理，他在2004年3月的政府工作报告提出了该战略。尔后2006年4月，《中共中央、国务院关于促进中部地区崛起的若干意见》（中发［2006］10号）作为中部崛起的纲领性文件正式出台。此后，国务院及有关部门、各级地方政府先后出台、制定实施了一系列政策手段，目的是希望使中部地区崛起战略得以贯彻落实。《中华人民共和国国民经济和社会发展第十一个五年规划纲要》对中部崛起战略做出了明确的战略部署③。

2006年5月，国务院办公厅发布了《关于落实中共中央、国务院 < 关于促进中部地区崛起的若干意见 > 有关政策措施的通知》，提出了56条具体落实意见。2007年1月，国务院办公厅又下发了《关于中部六省比

---

① 2008年，国务院振兴东北地区等老工业基地领导小组撤销国务院振兴东北办，具体工作由国家发展和改革委员会承担。东北办是国务院振兴东北领导小组曾经下设的办公室，在国家发展和改革委员会单设办事机构，具体承担领导小组的日常工作。其职责主要是研究提出东北地区等老工业基地开发战略、专项规划、相关政策法律法规、产业结构调整、重点基础设施建设、生态环境保护建议等。

② 2009年末，中部地区的土地面积约为112.8万平方公里，约占全国总面积的10.7%；总人口约35603.5万人，占全国总人口的27.0%。

③ 《中华人民共和国国民经济和社会发展第十一个五年规划纲要》指出："中部地区要依托现有基础，提升产业层次，推进工业化和城镇化，在发挥承东启西和产业发展优势中崛起。加强现代农业特别是粮食主产区建设，加大农业基础设施建设投入，增强粮食等大宗农产品生产能力，促进农产品加工转化增值。支持山西、河南、安徽加强大型煤炭基地建设，发展坑口电站和煤电联营。加快钢铁、化工、有色、建材等优势产业的结构调整，形成精品原材料基地。支持发展矿山机械、汽车、农业机械、机车车辆、输变电设备等装备制造业以及软件、光电子、新材料、生物工程等高技术产业。构建综合交通运输体系，重点建设干线铁路和公路、内河港口、区域性机场。加强物流中心等基础设施建设，完善市场体系。"

照实施振兴东北地区等老工业基地和西部大开发有关政策范围的通知》，明确指出中部六省26个城市比照实施振兴东北地区等老工业基地有关政策，243个县（市、区）比照实施西部大开发有关政策；2009年9月，国务院发布了《促进中部地区崛起规划》；2009年12月，国务院正式批复《鄱阳湖生态经济区规划》；2010年1月，国务院正式批复了《皖江城市带承接产业转移示范区规划》。2010年12月，经国务院同意，国家发改委正式批复设立“山西省国家资源型经济转型综合配套改革试验区”。

（三）推进西部大开发

1999年9月，中共十五届四中全会正式提出西部大开发战略，其西部[①]大开发划定的范围包括：宁夏、贵州、云南、青海、新疆、四川、重庆、西藏、陕西、甘肃、内蒙古和广西12个省、市、自治区。还指出湖南湘西土家族苗族自治州、湖北恩施土家族苗族自治州和吉林延边朝鲜族自治州等，比照国家西部大开发有关政策实施开发。此后，一系列贯彻落实西部大开发战略的政策手段由国务院及有关部门、各级地方政府先后出台、制定并实施（表3-3-1）。《中华人民共和国国民经济和社会发展第十一个五年规划纲要》对西部大开发战略做出了明确的战略部署。[②]。

2000~2007年西部大开发重要政策与规划见表3-5。

表3-5 2000~2007年西部大开发重要政策与规划

时间	政策与规划名称
2000年9月	国务院关于进一步做好退耕还林、退牧还草试点工作的若干意见
2000年12月	国务院关于实施西部大开发若干政策措施的通知

① 2009年末，西部地区的土地面积为686.7万平方公里，占全国总面积的71.5%；总人口36729.7万人，占全国总人口的27.9%

② 《中华人民共和国国民经济和社会发展第十一个五年规划纲要》指出：“西部地区要加快改革开放步伐，通过国家支持、自身努力和区域合作，增强自我发展能力。坚持以线串点、以点带面，依托中心城市和交通干线，实行重点开发。加强基础设施建设，建设出境、跨区铁路和西煤东运新通道，建成‘五纵七横’西部路段和八条省际公路，建设电源基地和西电东送工程。巩固和发展退耕还林成果，继续推进退牧还草、天然林保护等生态工程，加强植被保护，加大荒漠化和石漠化治理力度，加强重点区域水污染防治。加强青藏高原生态安全屏障保护和建设。支持资源优势转化为产业优势，大力发展特色产业，加强清洁能源、优势矿产资源开发及加工，支持发展先进制造业、高技术产业及其他有优势的产业。加强和改善公共服务，优先发展义务教育和职业教育，改善农村医疗卫生条件，推进人才开发和科技创新。建设和完善边境口岸设施，加强与毗邻国家的经济技术合作，发展边境贸易。落实和深化西部大开发政策，加大政策扶持和财政转移支付力度，推动建立长期稳定的西部开发资金渠道。”

（续表）

时间	政策与规划名称
2001 年 3 月	中华人民共和国国民经济和社会发展第十个五年计划纲要
2001 年 8 月	国务院关于西部大开发若干政策措施的实施意见
2002 年 2 月	西部地区人才开发十年规划
2002 年 4 月	国务院关于进一步完善退耕还林措施的若干意见
2002 年 7 月	“十五”西部开发总体规划
2002 年 12 月	退耕还林条例
2004 年 3 月	国务院关于进一步推进西部大开发的若干意见
2004 年 9 月	2004～2010 年西部地区教育事业发展规划
2006 年 3 月	中华人民共和国国民经济和社会发展第十一个五年规划纲要
2006 年 5 月	国务院西部办等关于促进西部地区特色优势产业发展的意见
2007 年 3 月	西部大开发“十一五”规划
2007 年 8 月	国家发改委、西部办等关于加强东西互动深入推进西部大开发的意见

为了加强对西部大开发工作的组织和领导，根据中央决定，2000 年 1 月国务院成立了西部地区开发领导小组。时任国务院总理的朱镕基任组长，国务院副总理温家宝任副组长，组成人员包括国家计委、国家经贸委、教育部、科技部等 19 个部门的主要负责同志。同年 6 月，领导小组成员增加至 23 个部门的主要负责同志。领导小组下设办公室，在原国家计委单设机构，具体承担领导小组的日常工作。

下面，我们对西部开发领导小组的主要任务和国务院西部开发办的主要职责进行介绍。

西部开发领导小组的主要任务有：①研究审议西部地区开发的重大政策建议，协调西部地区经济开发和科教文化事业的全面发展，推进两个文明建设；②组织贯彻落实党中央、国务院关于西部地区开发的方针、政策和指示；③审议西部地区的开发战略、发展规划、重大问题和有关法规。

国务院西部开发办的主要职责是：①研究提出西部地区开发战略、发展规划、重大问题和有关政策、法律法规的建议，推进西部地区经济持续快速健康发展；②研究提出西部地区农村经济发展、重点基础设施建设、生态环境保护和建设、结构调整、资源开发以及重大项目布局的建议，组织和协调退耕还林（草）规划的实施和落实；③研究提出西部地区深化改革、扩大开放和引进国内外资金、技术、人才的政策建议，协调经济开发和科教文化事业的全面发展，以及承办西部地区开发领导小组交办的其他事项。

2008 年 3 月政府换届后，国务院保留西部地区领导小组，但将国务院西部开发办予以撤销，由国家发展和改革委员会承担有关职能。

除此之外，国家还制定或批准了一批重点、特殊区域规划与政策以促进西部大开发战略的实施，如《国务院关于进一步促进宁夏经济社会发展的若干意见》《关于支持青海等省藏区经济社会发展的若干意见》《广西北部湾经济区发展规划》《成渝经济区区域规划》等。

（四）鼓励东部地区率先发展

东部[①]率先发展战略的首次明确提出是在 2006 年，当年 3 月发布的《中华人民共和国国民经济和社会发展第十一个五年规划纲要》对鼓励东部地区率先发展做出了明确的战略部署。[②]

事实上，在改革开放刚开始的时候，为了可以让国家经济水平迅速上升，中国实施了以提高效率为主要目标的区域经济发展战略，首先实施的就是以东部沿海地区为重点的非均衡区域经济发展战略。自此以后，东部沿海地区经济获得了快速发展，并带动了中国整体经济的快速发展。自 1999 年以来，尤其是“十一五”以来，中国已经进入区域协调发展战略全面实施的新阶段。由此，国家在 2006 年首次明确提出了东部率先发展战略，主要是因为这样可以更为充分地使东部地区的优势显现并发挥出来，使东部地区的自主创新能力等率先提高，并在率先发展和改革中带动帮助中西部地区发展。

在政策支持上，2006 年 5 月国务院发布《推进天津滨海新区开发开放有关问题的意见》，批准天津滨海新区为全国综合配套改革试验区，先

① 2009 年末，东部 10 个省份面积为 91.6 万平方公里，占全国总面积的 9.5%；人口 48442.9 万人，占全国总人口的 36.8%

② 《中华人民共和国国民经济和社会发展第十一个五年规划纲要》指出：“东部地区要率先提高自主创新能力，率先实现经济结构优化升级和增长方式转变，率先完善社会主义市场经济体制，在率先发展和改革中带动帮助中西部地区发展。加快形成一批自主知识产权、核心技术和知名品牌，高产业素质和竞争力。优先发展先进制造业、高技术产业和服务业，着力发展精加工和高端产品。促进加工贸易升级，积极承接高技术产业和现代服务业转移，提高外向型经济水平，增强国际竞争力。加强耕地保护，发展现代农业。提高资源特别是土地、能源利用效率，加强生态环境保护，增强可持续发展能力。继续发挥经济特区、上海浦东新区的作用，推进天津滨海新区开发开放，支持海峡西岸和其他台商投资相对集中地区的经济发展，带动区域经济发展。”

行试验部分重大的改革开放手段，并设立天津东疆保税港区。随后，国务院相继批准设立了海口、宁波、厦门、深圳、青岛、广州、张家港、烟台、福州保税港区。2008 年以后，国务院又相继发布、批准了一系列规划与政策，如《国务院关于进一步推进长江三角洲地区改革开放和经济社会发展的指导意见》《珠江三角洲地区改革发展规划纲要》《国务院关于推进上海加快发展现代服务业和先进制造业、建设国际金融中心和国际航运中心的意见》《国务院关于支持福建省加快建设海峡西岸经济区的若干意见》《国务院关于推进海南国际旅游岛建设发展的若干意见》等。

二、我国区域经济协调发展新格局

（一）三大城市群将继续主导中国经济发展

珠江三角洲、长江三角洲和京津冀是我国改革后率先开放的三大区域，随后三个地区快速发展，成为中国经济发展的领跑者。

珠江三角洲城市群共有 20 多座城市，城镇密度为每万平方公里 100 个，城镇平均间距不到 10 公里。中心城市香港是国际金融贸易中心，广州已经发展成为我国南方最大的中心城市。伴随着和香港、澳门实现区域经济一体化，优势将会更加明显，几大核心城市的发展会进一步带动珠江三角洲地区的经济社会发展。

长江三角洲成为我国最大的出口加工基地，该地区城市群有 12 座大城市和特大城市。上海、南京、杭州三个特大城市呈三足鼎立之势，构成长江三角洲城镇体系的三大核心。未来，该地区的腹地将继续扩大，江苏、浙江全部以及安徽的一部分地区有可能进入该城市群。

京津冀协同发展已经上升为国家战略，北京具有政治、文化和高科技的优势、天津具有港口和制造业的优势，石家庄具有商贸业的优势。三个地区城市特色和优势十分明显，互补作用强。三个地区的协同发展是实现京津冀优势互补、促进环渤海经济区发展、带动北方腹地发展的需要，一旦突破行政的限制，三个地区发展的潜力立即就会释放出来。未来该地区将继续引领中国经济发展。

（二）经济重心开始向北移动

改革开放后，我们国家的区域经济中心刚开始一直是往南移的，在珠江三角洲、长江三角洲两处形成了中国经济增长核心区。只有少许年份经济重心向北移动，且持续时间不长。不过跨进 21 世纪后，特别是从 2003

年开始，经济中心逐渐向北移动。京津冀地区的快速发展开始在中国区域增长格局中处于越来越重要的地位。

（三）产业转移由东向西不断推进，形成了新的增长极

我国工业化、城市化、信息化和国际化进程一直在持续发展，尤其国际金融危机之后，我国区域间的产业合作更为活跃，中西部地区一次又一次对发展环境予以优化，发展潜力慢慢地展现出来，承接东部沿海地区产业转移的速度也进一步提升。

我国产业转移由东向西连续推进，呈现了规模日益扩大、层次明显上升、方式连续创新的相当不错的态势。随着产业转移的持续推进，区域经济正在形成部分新的经济增长极，呈现出区域发展的新面貌。中国的区域经济增长已经由“单极增长”进入到更加强调互动协调发展的“多轮驱动”的阶段。

中国北部地区开始摆脱经济增长速度长期落后于南方地区的局面，尤其是京津冀地区的发展速度的提升，表明渤海湾地区作为中国经济的三大增长极之一，开始在中国区域增长格局中扮演愈发重要的地位。2008 年的金融危机冲击了东南沿海的外向型城市的经济发展，GDP 增长率大幅下降。与此同时，我国中西部地区依托其禀赋优势，迅速对产业结构进行调整，主动承接产业转移，让经济得以高速增长。世界 500 强企业中不少企业先后到重庆、成都投资创业，加快形成了西部地区新的增长极。

（四）中西部地区增速超过东部地区

改革开放以来，东部沿海地区经济增长率一直高于中西部地区，并形成了长三角、珠三角、京津冀等经济快速发展区域。① 不过，近年来我国中西部地区经济发展速度不断上升，区域发展差距扩大速度变慢，西部地区变成四个区域里增速最高的了，这是区域经济发展呈现的一种新的格局。

从一开始进行改革开放到 2006 年，我国东部地区经济增速几乎每年都要比中、西部地区高。从 2007 年开始，东部地区开始落后于西部地区；从 2008 年开始，东部地区经济增速开始落后于中部地区。2012 年，东部沿海地区省份的经济增长率大都低于 10%，如广东为 8.2%、北京为 7.7%、上海为 7.5%，只有少数省份的经济增长率高于 10%。而反观西

① 刘云中，何建武．地区经济增长格局的变动与区域差距的缩小：短期波动抑或长期趋势［J］．发展研究，2011（12）：7—13

部的贵州省，GDP 增长 13.6%。四川、新疆、青海、陕西等省份经济增长率都超过了 12%，广西、内蒙古、宁夏等省份均超过了 11%，仅有甘肃等个别省份低于 10%。中部地区 6 个省份经济增长率全部超过了 10%，① 平均增长率达到了 10.98%。②

图 3－3 四个地区人均 GDP 的变化更好地说明了上述趋势。自 2001 年以来，其他三个地区人均 GDP 的增速绝大多数年份均超过了东部地区。受金融危机的影响，各地区人均 GDP 增速自 2007 年开始均有所下降，其中东部地区下降的幅度最大。经济发达省份与经济不发达省份人均 GDP 的相对差距在缩小。人均 GDP 最高与最低省之比 1993 年为 9：1，2000 年为 10.9：1，2014 年回落到 4：1。

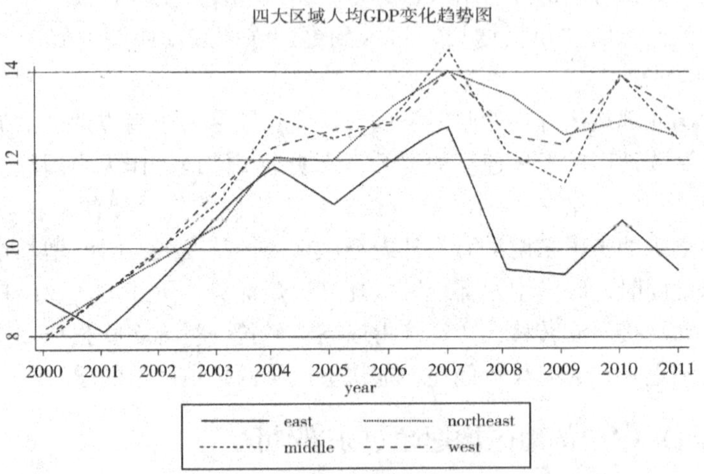

图 3－3 2000～2011 年四大区域人均 GDP 变化趋势图

另外，东部地区的全社会固定资产投资增速也逐渐被中西部地区赶超上来。由表 3－6 可以看出，2006～2015 年间东部地区的投资增长率要低于其他三个地区。在此期间，东部地区的全社会固定资产投资增长率平均值为 18.68%，低于中部地区的 26.51%、西部地区的 24.35% 以及东北地区的 22.68%。中西部地区快速发展的势头若继续保持，我国区域经济发展差距相对缩小的态势将会持续。

① 中部省份的增长率分别为：河南：10.1%；湖北：11.3%；湖南：11.3%；江西 11%；安徽 12.1%；山西 10.1%。

② 以上数据引自 2012 年各省份国民经济和社会发展统计公报。

表 3－6 2006～2015 年按区域分全社会固定资产投资增长率（%）

	东部	中部	西部	东北
2006	19.3	30.6	25.4	36.2
2007	19.9	33.3	28.2	—
2008	20.9	32.6	26.9	—
2009	23.0	35.8	38.1	26.8
2010	21.4	26.2	24.5	29.5
2011	20.1	27.5	28.7	30.4
2012	16.5	24.1	23.1	26.3
2013	17.9	22.2	22.8	18.4
2014	15.4	17.6	17.1	2.7
2015	12.4	15.2	8.7	11.1
平均值	18.68	26.51	24.35	22.68

资料来源：2006—2012 年国民经济和社会发展统计公报

（五）区域经济实力明显增强，竞争中体现合作

我国区域经济实力明显增强，并且区域合作范围也在一直扩大，合作水平明显提高。我国经济有了快速发展之后，部分地区的经济总量明显上升，甚至我国许多省区市的经济总量都要比很多国家的经济总量要高。2012 年，若按照美元兑人民币的汇率水平为 6 来计算，我国人均 GDP 达到 6400 多美元，东部地区北京、上海、天津人均 GDP 达到 1.4 万美元左右，江苏、浙江人均 GDP 也超过 1 万美元，开始进入高收入国家水平。这些地区的快速发展，正引领和带动着其他区域提升发展的速度。①

“十三五”期间，我国还将加快建立全方位开放型经济体系，更高层次参与国际合作与竞争。推进环渤海地区合作协调发展。创新区域合作机制，加强区域间、全流域的协调协作。完善对口支援制度和方式，通过发展“区地经济”、共建园区合作平台，建立互利共赢、共同发展的互助机制。我国区域经济合作将跨进新的阶段。

① 事实上，2015 年我国人均 GDP 达到 1 万美元的省份已经达到了 10 个。

第四节　我国区域经济协调发展在社会资本视角下的理论重建

通过前面的分析，我们对社会资本概念本身以及区域协调发展理论的理解基本上有了清晰的轮廓，本节主要是通过借鉴并完善已有理论模型，分析社会资本、正式制度对经济增长的影响，并进一步构建社会资本影响贸易并最终影响区域协调发展的理论框架。

一、社会资本、正式制度与经济增长的理论模型

为了从宏观角度研究社会资本与正式制度之间的内在逻辑关系提供微观基础，下面借鉴 Ahlerup et al.（2008）提出的委托代理投资模型，来对社会资本、正式制度与经济增长的关系进行分析。

我们假定该博弈是完全信息的，参与者的风险偏好是中性的、非合作的，并且其他代理商不存在于这个经济体里。整个过程我们划分为四个阶段：信用阶段、合同阶段、诉讼阶段以及法庭阶段。

在刚开始的信用阶段（Credit Stage），借款方选择是否借出资本 k。若选择不借，则博弈就停了，即缺少生产行为，则借款方和生产者各自的收益为 $U_L = U_P = 0$。这是自给自足的或代理商（agents）自给生产的现状。

第二个阶段为合同阶段（Contract Stage），参与者进入该市场，发生 k 单位资本的借贷，并且生产已经进行。生产者认为履行合同将导致生产者得到净货币收益（$\pi_p > 0$），以及非货币合作社会收益（$s_p > 0$），即 $\pi_p + s_p$。同样的，借款方将得到 k 单位的本金，货币补偿（$\pi_L > 0$），以及因为被信任而得的社会收益（$s_L > 0$）。若有该情况，对社会来说就是最优的，即最大化的总福利和总货币收益。

S_i 正是我们需要深入讨论的，它是参与者因为被信任以及诚信而带来的收益。参与者或许没有前期合作的历史记录，彼此相互的信任应被看作是普遍信任（generalized trust）而不是网络特定（network - specific）的。这些额外的收益是一种社会报酬，如提升声誉或者由履行合作的正面期望带来的道德满足。收益只有当参与者在第一、第二阶段表现出信任和合作行为时才能被物化。若生产者在第二阶段违约，意味着他放弃社会回报，然而借款方在整个博弈中保持它，若他在第一阶段提供了信用，则被证明是一个可信的人。进一步假设社会回报对于参与的两方都是可见的。

投资收益 π_p 和 π_L 在合同上已经商定。π_L 可以以利息或其他收益分享的形式支付给借款方。虽然能十分简单地将其内生化，不过我们先不对两个参与者签订的是何种金融合约多加考虑。

生产者的另一个选择是违约，这意味着他保留了合同中约定应该给予借款方的补偿 π_L，并且否认了借款方对偿还款项 k 的所有权。这样的争论或许会在第三方的法院终结。这是诉讼阶段，借款方决定是否起诉违约的生产者。若借款方选择不起诉，生产者就获得了从项目中得到的货币收益（$\pi_L+\pi_p$），当我们假设他缺少从应该偿付的信贷额乃中获得收益的办法。借款方得到社会回报 s_L 和信贷额损失（Credit loss）。若借款方选择起诉，法庭强制执行合同的概率是 β，β 是一个反映强制合同执行的指标，能够简单地将法庭的力量体现出来。上诉的费用根据败者支付原则，败诉一方支付 d 的费用给法庭。若合同正确地强制执行，借款方得到其出借的款项并收到（π_L+s_L）的报酬，这个时候生产者收到 π_p-d。

若合同不能够被法庭强制执行，生产者将得到 $\pi_L+\pi_p$。贷方没有拿到赔偿金与贷出款项的办法，所以他从贷款行为中得到净效用为 $-k-d+s_L$。事实上，许多借款方会要求一定形式的贷款担保，不过因为要简单明了一些，我们对该因素不予考虑。同时该模型也省去了对合同的复杂程度或者法庭不利裁决的额外社会成本等方面的考察。使用上面的收益结构，我们可以很容易地获得以下解决方案，参与者最佳的回应策略由下面的条件决定：

$$\left\{\text{信用阶段(借款方)}:\begin{cases}\text{如果满足下列条件之一:提供贷款}\\(i)L=s_L+\beta(\pi_L+k+d)-k-d\geq 0\\(ii)s_L-k\geq 0\\(iii)\text{ 生产者将履行(合约)}\\\text{如果}(i),(ii),(iii)\text{ 均不符合,选择不放贷}\end{cases}\right\}$$

$$\left\{\text{合同阶段(生产者)}:\begin{cases}\text{履行合约,如果 }F=s_p+\beta(\pi_L+d)-\pi_L\geq 0\\\text{否则违约}\end{cases}\right\}$$

$$\left\{\text{诉讼阶段(贷方)}:\begin{cases}\text{如果 }s_L-k\geq 0\text{ 和 }\beta(\pi_L+k+d)\leq 0\text{ 不起诉}\\\text{否则起诉}\end{cases}\right\}$$

上面关键的表达式是 $L=L(s_L, \beta, \pi_L, k, d)$ 和 $F=F(s_p, \beta, \pi_L, d)$，决定了是否有社会最佳均衡（放贷，履行合同）。借款方放贷和生产者履行的意愿会随着可信行为得到社会收益 s_L 和 s_P 以及法庭制度 β 的加强而增加。当 s_L 和 s_p 或者 β 之一的增加可以让 L 或者 F 增加时，社会资本和制度是彼此可以进行替代的。投资的大小由 k 给出，在 k 增加时使借款方变得相当谨慎同时降低放贷意愿。借款方的放贷意愿将与投资回报 π_L 正相关，但这将对生产者履行合同的意愿产生不利影响，原因就在于一个高的回报会诱使他挪用这个收益。

若先不考虑所有其他的变量，假设 $s_L=s_p=s<k$，我们能够写出 $L(s, \beta)$ 和 $F(s, \beta)$。法庭制度力量较小时（β^{low}），就会有 $L(s, \beta^{low})<0$ 和 $F(s, \beta^{low})<0$，这表示货币收益为（0，0）。然后有 $\Delta s>0$，所以或者有 $L(s+\Delta s, \beta^{low})=0$ 或者 $F(s+\Delta s, \beta^{low})=0$，这表示信贷由贷方提供，生产者进行生产。换言之，在 β 低的时候，社会资本 s 的增加会使经济得到发展。不过当法庭力量较高时（β^{hig}），会有 $L(s, \beta^{low})\geqslant 0$ 和 $F(s, \beta^{low})\geqslant 0$，社会最优均衡已经出现，同等增加 Δs 就不会有太大影响。所以，社会资本的增加在制度力量薄弱的时候影响相对来说往往更大一些。

Ahlerup et a1.（2008）的模型并不想去对法庭制度和社会资本是怎样产生的进行解释，不过我们认为他们或许受同样动力（历史、地理、种族分化）驱动，并且是彼此关联的。s 是社会上社会资本的平均水平的比例，即积累多年的人际信任的总存量。我们假设平均水平越高可信行为的收益越大。与之等价的，若信任的平均水平小，人们将不会期待合作并且违约的社会机会成本（s）会相对小。

二、社会资本、贸易与区域协调发展的理论机制分析

前文已经明确，区域社会资本不仅有区域信任、区域社会网络等，还有区域规范和区域社会结构，总共是四个方面。以下将从上述四个方面分别分析其对贸易①的影响，并尝试构建社会资本影响贸易进而影响区域协调发展的理论框架。

① 贸易可以从国际贸易和国内贸易两个方面，大多数学者关注的重点是在国际贸易，我们认为，社会资本同样对于国内贸易具有重要的影响。所以，本文的研究包含国际贸易和国内贸易两个方面

（一）区域信任与贸易

大量的文献把信任问题作为贸易壁垒与交易成本的基本来源之一。Greif（2000）把信任问题当作是很多交易顺序性特征的固有结果，还把信任作为交易的基本问题，他认为“一个人除非事前确认另外一方会履行合同，不然他绝不会轻易卷入到一项交换关系中”。信任可以减少交易成本，并在此基础上对贸易产生影响。

1. 贸易和交易成本

在贸易中，交易双方为追求贸易利益而产生的摩擦成本即交易成本[①]。一个完整的贸易交易过程中通常有三个阶段[②]：联系阶段（Contact），签订合同阶段（Contract），合同执行阶段（Control），不管是国际贸易还是国内贸易，都有交易成本。

在联系阶段，买卖双方要在市场上寻找潜在的交易者，因为国家（地区）不一样商业文化也会有差异，若是希望找到合适的买者或卖者，就有交易成本。

在签订合同阶段，交易双方如果想要达成一个双方都满意的合同，往往也会有交易成本产生。

在合同执行阶段，监督对方有没有依据合同执行，以及若对方违约而强制执行，这些也有交易成本。

2. 信任和交易成本

上面提到的贸易的三个阶段所产生的交易成本与信任是密不可分的。联系阶段，对寻找可靠的商业机会、潜在商业伙伴及其信誉来说，信任的地位很高，不可缺少。签订合同时，信任同样重要，直接决定着双方怎样签订该合同。在最后的执行阶段，信任同样是决定在多大程度上对合同进行监督和强制执行的主导因素。

所以，高信任水平的地区，可以使交易成本降低来影响贸易，并最终对区域经济发展造成影响。

① 它既包括交通距离、贸易障碍、关税等等传统的交易成本，也包括搜寻成本、搜集产品质量的成本、控制成本、法律成本以及支付的成本。

② 此处参考了 Frank A. G 和 Rbert H. J（2003）的研究，赵家章（2011）也对三个阶段进行了更为详细的分析。

（二）区域社会网络与贸易

自20世纪90年代之后，大量学者将兴趣点移到社会网络对贸易作用的研究上。在国际经济学里，大多数学者接受贸易量和国与国彼此距离是相关的观点。McCallum（1995）最初提出的是边界效应“Border Effect”,① 认为边界也可以使贸易数大额降低。进一步，国家有没有相邻也被认为是对贸易量造成影响的因素之一。所以，空间上有没有接近对贸易确实是有影响的，不过这种影响无法轻易地从地理位置上来解释，解释起来较为困难。学者们想要站在不同视角对这种空间距离对贸易的影响进行相应的解释，如Rauch（2001）和Wagner et al.（2002）就提出：存在于国与国之间的商业和社会网络能够通过降低信息成本提高贸易量。基于这一观点，贸易里的社会网络逐渐受到人们的愈发关注。

社会网络促进贸易主要体现在两个方面（Rauch，2001）：一方面，贸易双方已经有了的商业联系可以对双方交易前的搜寻过程产生影响，社会网络可以提供给内部成员一定量的贸易信息，以此为基使贸易成本得以降低。另一方面，社会网络可以联合惩罚其成员，若网络内某个成员不去遵守合约的话，其他成员会通过社会网络立刻对其犯下的不良行为了如指掌，就不会再与他进行交易。当失去未来交易的损失的折现值比今天违约所得利益大的情况下，他往往更愿意选择不违约。

1. 贸易中的社会网络

在贸易领域，社会网络表示的是国际间包含各种社会关系的族群网络（Co－ethnic Network）和商业集团（Business Group）。Rauch（2001）将族群网络认为是在民族、地区方面有人口统计意义的个人或企业团体，如华商网络；商业集团则被Granovetter（1995）认为是“既不完全整合又非毫无整合的一组厂商”，其成员彼此间的关联能够从创始家族或者家族联盟中找到，如日本的综合商社、韩国的大型贸易公司等。② 社会学家对此类经济意义的社会网络有两种定义，第一种是借鉴Joel和Karen（1998）已有的研究，把“追求重复的、持续的交换关系的一群代理人”定义为社会网络；第二种基于Granovetter（1973，1995）的研究，把社会网络定义为“或者彼此互相熟悉、或者互相学习的一组人”。③

---

① Obstfeld and Rogoff（2000）把边界效应作为开放宏观经济学的六大谜之一。

② 蒙英华．海外华商网络与中国对外贸易——理论与证据［D］．厦门大学，2008

③ 刘庆林等．国际贸易社会网络理论研究综述［J］．经济学动态，2004，（7）

加州大学圣地亚哥分校 Rauch 教授是社会网络与国际贸易研究领域的积极推动者，好几篇有较大影响力的论文都是出自他手。[①] 他认为，社会网络是成员之间的彼此交换，这种交换可以使双方可以有机会一直合作下去或者共谋（cooperation or collusion），一个基本特点为，网络里的成员对其他成员都非常熟悉，而这对他们的彼此匹配或者为彼此增加贸易机会都非常有利。

在传统的国际贸易理论中，买方与卖方经一个稍微有些抽象的“国际市场”展开交易，在进行交易的时候，彼此没有付出交易成本。这一假设是基于同质性产品来说的，如果对象是异质性产品贸易的话，因为商品的品质和价格不在一个水平上，差异往往较大，商品的相关信息对交易成功与否就显得极为重要了。以 Meltiz（2003）为代表的一些学者，以企业异质性为基础，开始对企业内部“黑箱”进行探寻，基于异质性的分析，该理论认为，企业生产率的高低对企业做出哪样国际化决定的影响是决定性的，生产率高的企业最好对外直接投资，生产率较为中等的企业可以选择在国内进行生产，生产率最低的企业或许会被直接淘汰。Rauch（1996）认为国际贸易实际上是买卖双方彼此匹配（match）的过程，即双方在交易前，都得经过一定时间或某些渠道的搜寻以发现合适的交易对象。在进行合适交易伙伴搜寻时，肯定会遇到信息搜寻的成本问题，而这种信息成本不可避免也会受到双方彼此关系的影响，而这种关系就构成了非市场交易方式——网络交易方式的基础。所以肯定要对国际贸易大量存在的社会网络予以在意和关注。

社会网络与贸易领域的重点主要在以下几个方面：第一，社会网络对贸易结构的影响到底是怎样的。第二，社会网络影响贸易的机制；第三，社会网络怎样消除各种非正式贸易壁垒。

2. 社会网络影响贸易的机制

社会网络能够通过多种渠道促进贸易，文献里通常有两个主要的机制：减少信息成本（Information Cost）和扩散偏好（Diffusion of Preferences）。

第一个机制可使经济人搜集远方市场信息时需要的信息成本降低，原因在于搜寻成本会在非对称信息让彼此遇到适宜交易对象前产生[②]。经验

---

① 感兴趣的读者可以参见其个人网页。

② 信息的不对称使得消费者想了解其他地方的信息变得困难，同时也使得其他地方的生产商了解当地消费者的偏好变得困难。共同的影响使得交易成本和价格提高，进而对贸易量造成负的影响。

研究常通过国际移民的分布来对这种影响进行检验，是因为移民在国内通常会有一定的社会网络保持，而这种网络往往可以促进贸易。移民了解很多国内买者和卖者，同时将这种特征传递到国外（Rauch，2001）。除移民效应（migrant effects）以外，企业的社会网络可经外商直接投资减少信息成本；减少网络内部信息成本还能通过使合同更好执行来对贸易产生影响。Gould（1994）和 Rauch（2001）仔细分析了贸易伙伴的互惠知识（reciprocal knowledge）对降低昂贵商业机会主义的有利之处，社会网络这个时候扮演的是使合同强制执行的法律角色。

第二个机制是社会网络能够扩散偏好。通常来看，消费者对本国商品会有一种特殊的偏好，移民后仍旧对本国生产的商品情有独钟，所以移民能够增加国外的进口，而这种进口的增加是基于社会网络的扩散偏好作用。虽然理论上分析非常简单，不过经验研究要把两种机制彻底区分开还是相对不容易的。

Rauch（1999）以引力模型为基础展开了研究，研究得出：两国紧挨着，拥有共同语言或殖民联系对贸易量均会有非常明显的影响。该研究还表示，必须将社会网络降低信息成本的作用单独显现出来，才可以对社会网络促进贸易的具体机制更加明确。

Rauch and Casella（2003）提供了一个理论模型来解释信息共享的社会网络能够使资源配置得以改善，并在信息不全的情况中使国际贸易量上升。

Rauch 和 Trindade（2002）研究了华裔社会网络对双边贸易增加的影响，最终认为华人关系网络或许可以消除国际贸易中产生的信息成本。

Gould（1994），Head and Ries（2001），Girma and Yu（2002），Rauch and Trindade（2002），Wagner et al.（2002）各自依靠引力模型检验了社会网络的贸易创造效应。前三篇文献分别检验居住在美国、加拿大和英国的移民对贸易量的影响。Wagner et al.（2002）使用每个加拿大省份的贸易量信息以及各省的移民数量，主要是对移民的贸易创造效应进行检验。每一篇文献均显示移民对贸易量的正向效应。

3. 社会网络怎样消除各种非正式贸易壁垒

不少研究显示，社会网络能够通过克服贸易合同执行力差、贸易机会信息不全等非正式贸易壁垒，产生贸易创造效应，可以产生自由配置优化的常规收益与社会网络成员自身的合作收益。在法律效率不是很强的情况下，通过社会网络能够避免国际贸易里机会主义行为与改善商业信息的传递，从而能够使资源配置进一步完善，网络成员也能够由此获得额外收益。对于怎样克服国际贸易中的机会主义，一个大多数人都认可的说法是，能够通过建立一个“道德社群”（moral community）来提升互相之间的信任，并在此基础上推动国际贸易的发展（Cohen，1969）。第二个说法来源于 Greif（1989，1993）的研究，即通过集体惩罚来防治网络内产生机会主义行为，此时的集体惩罚方式能具有与彼此信任类似的效用。Weidenbaum & Hughes（1996）在研究华裔网络的过程中就表示，“若一个商人违反了其社团的协议，他很可能被列入‘黑名单’，后果比直接被诉讼要严重，因为他失去了整个华商和他进行贸易的机会。”因为害怕面临集体惩罚，网络中的成员会尽最大努力不去违约，接着会达到一种重复博弈均衡，最后，虽然这样会承受一个低效率的工资溢价，但在这个均衡里联盟里所有的商人的策略是不与联盟里违过约的人合作，并非只是不和对自己违约的人。

另外从非静态方面看，社会网络是不是同样有着贸易创造效应呢？部分学者表示，长期而言，社会网络内部的成员或许不愿意发展与网络外部的经济关系，这样，社会网络是对贸易发展起阻碍作用的。Greif（1994）的研究同样表明，因为通过网络关系开展贸易可以取得额外的收益，网络成员或许会产生抵制制度和技术的创新，不过这些制度与技术的创新在长期会推动贸易额的增长。所以，从长期而言，网络对推动贸易或许是没有任何作用的。相关的文献包括 Hutchinson（1999，2000），Girman & Yu（2000），Rauch & Trinidade（2002），Ching & Chen（2000）等的研究。

4. 社会网络对市场结构的影响

在垄断竞争市场里，对差别产品而言，以产品相似、共同语言和殖民关系为表现形式社会网络在提供价格信息、匹配国际间的卖方和买方方面显得更为重要（Rauch，1996）。不过，跨国网络对克服国际贸易非正式壁垒有利，国内网络同样可以通过共谋制造非正式壁垒不让外国企业有机会进入本国市场，以此为基影响该地区的进口贸易。不少文献（Lawrence，1993；Gary Saxonhouse，1993）研究 Keiretsu（经连会）[①] 是不是在国际贸易里会对进口产生限制，Fung（1991）研究 1980 年美国对日本 22 个产业的出口情况，最终得出 Keiretsu 在某些程度上可以说通美国对日本出口量为什么下降，并认为 Keiretsu 降低日本从美国进口的理由有两个：一是 Keiretsu 对进口的联合抵制，二是因为 Keiretsu 的联合使美国进口产品的

① 在企业文化里，经连会通常指日本式的企业组织，该系统是政府和企业间的亲密的合伙关系的，对它最好的理解就是，它是将银行、厂商、供应者和发行者与日本政府连接在一起的一个复杂的关系网。

竞争力变弱。Lawrence 还检验了 1985 年日本 37 个产业进口与国内需求的比率和出口占世界出口的比率，最后发现，Keiretsu 附属公司占行业销售量的比例与进口明显负相关，与出口也是明显负相关，与 Fung 的结论大径相庭。Barbara Spencer 和 Larry Qiu（2001）针对日本 Keiretsu 供应商的特定投资建立模型，研究发现，日本 Keiretsu 供应商进行联合以抵制美国供应商进入日本市场其实是错误的，人为地制造了非贸易壁垒，而日本供应商却没有收获任何好处。

Thomas Chaney（2013）对国际贸易的网络结构进行了深入分析，该分析提出一个贸易摩擦的理论，假定企业尽可以出口到有其联系人的市场里，企业就能够直接去寻找新的任何一个贸易伙伴，也能依靠他们过去有的网络去更远之处找寻新的以前未有过接触的贸易伙伴。该研究还运用法国 1986 和 1992 年的企业微观数据展开实证检验，结果精确地验证了其理论模型。

部分学者用社会网络对母国偏好问题作出解释。该问题最早由 McCallum（1995）[①] 提出，加拿大各省之间的贸易量比与美国各州的贸易量多 22 倍。这就使很多学者颇为惊讶，尤其是考虑到美国与加拿大彼此的整合度还较高。之后学术界产生不少研究来对这种现象作出解释。最初学者们更多地从地理视角对其进行解释，不过今年来愈多学者是站在商业与社会网络的角度对该现象进行解释的。为什么这样解释原因仍在于信息壁垒（information barriers），因为企业若是想要出售产品，一定要去将潜在顾客和顾客的偏好信息搜集到位，还要将分配产品的最佳手段提前搜集好，另一方面，企业还得清楚潜在顾客的诚信度是否足够。若企业的网络发达，此时搜集信息成本就会变得非常简单，这种社会网络的存在可以让交易变得极其轻松。若这些网络均集中于区域内部，区域内部的贸易流量很明显要高。Milliment 和 Osang（2007）了解到，当把各州之间社会网络的差异考虑进去后，美国各州边界效应在很大程度上会减少。Pierre - Philippe Combes et al.（2005）研究商业和社会网络在法国省际之间的贸易创造效应，结论依旧认为社会网络在法国省际间贸易起到非常重要的作用。Aitor Garmendia et. al.（2012）利用西班牙的数据研究社会网络和国际贸易中母国偏向问题，最终发现当把区域内部而不是区域间社会和商业网络考虑进去时，母国偏好就会消失，该研究同样认可了社会网络在贸易中的价值。

① John McCallum. National Borders Matter: Canada—U. S. Regional Trade Patterns. [J] The American Economic Review. 1995, Vol. 85, No. 3

5. 国际贸易中的华商网络

国内外的学者对于国际贸易中的华商网络给予了关注，下面基本介绍的都是国内学者的研究，其中蒙英华（2008）的研究更有代表性一些。他将海外华人界定为在海外有中国国籍的人和在海外有纯华人血统的人，以及在海外有部分华人血统、具有中华文化价值观，并愿意承认为华人的人。华商即海外华人和华侨中的企业投资者或经营者。

对于“华商网络”的定义学者们也不能予以统一，各有各的说法。例如，刘宏（2003）认为华商网络是“处于市场与组织之间的一系列的个人与商业机构的充满活力的关系”，蒙英华（2008）认为华商网络实际上是一种在非政治化的、形态不同的联系中，以海外华商群体为主体，以家族、族群、地区、行业、社团为社会基础，以“五缘关系”为联结纽带，以共同利益尤其是共同经济利益为核心，以非正式的社会和商业纽带及正式的社团组织为组织形式所形成的泛商业网。华商网络是基于华人网络形成的一种在商业上彼此帮助、彼此鼓励并予以帮扶的经济关系网络，华人网络和华商网络之间的关系紧密，它们是相互促进的。

“关系”很久以来都被认为是海外华商取得成功的不可或缺的一个因素。在市场机制还不完善的东南亚国家，华人华侨与中国有的那种或多或少的联系被认为是推动中国对外贸易发展和 FDI 流入的相当重要的一个因素。华商网络在世界上的每个角落几乎都有，优秀的华商一般会相互认识且彼此进行贸易活动，所以，他们通过一种非正式的网络而不是通过传统渠道进行信息传播。学者们主要对华商网络在推动中国对外贸易发展和 FDI 引进的作用有所关注。Rauch 和 Trindade（2002）的研究发现华人网络在华人占多数的东南亚国家，能够使得异质商品双边贸易平均增长 60% Sarah Y. Tong（2005）经过研究认为，华商网络可以推动东道国 FDI 的流入，同时在官僚主义较浓的东道国表现得更加明显一些。

社会网络在国际贸易里的作用肯定免不了今后逐渐增加的关注，理论的分析好像已经充分肯定了社会网络在国际贸易中的作用，不过我们需要的是更严谨的实证分析，而若是希望展开严谨的实证分析，社会网络的度量是我们需要解决的最主要的一个问题。社会网络不但度量要难很多，而且我们很多情况下甚至不知道该去度量什么！虽然是这样，但随着社会科学研究的一直深入以及部分大型社科调研数据库的建立，使我们进行社会网络研究已有了一个较为不错的平台。

（三）区域规范与贸易

区域规范对区域经济发展的影响很大，贸易就是其里面的影响机制之一。以下借鉴吴光芸等（2011）的分析方法，将规范分为道德性规范、契约性规范和行政性规范。

1. 道德性规范

道德性规范可以为该地区贸易的发展营造一个相对良好的氛围。在具有良好商业道德的地区，贸易双方违约的概率比较低，合同欺诈在该地区会受到大多数人的谴责。所以，因受到道德性规范约束，该地区的企业更易受到国内外潜在贸易伙伴的喜欢，可以相对简单地收获合同，并在此基础上促进地区经济的繁荣。

2. 契约性规范

契约性规范可以使该地区贸易发展的规则良好。契约性规范可支持人们在进行交往是依据协议好的规则开展互动，可以防止性质较恶劣的恶意竞争。在部分地区，如果有行业协会、商会等，会保障契约性规范的实施，对行业的良好演变起到了不错的推动效果。所以，有着较好契约性规范的行业，相对来说更容易获得较多的贸易合同，贸易的发展进而促进地区经济的发展。

3. 行政性规范

行政性规范为地区贸易发展提供的是制度方面的保障。法律、法规和各种规章制度都属于行政性规范。部分地区设立一些地方法规与规制，人为地不允许其他地区或者国家的产品流进本地市场，这样可在一定程度上使本地企业得到保护。行政性规范良好的地区，可以制定较好的区域贸易和对外开放政策，为本地贸易发展搭好制度保障的膜，并推动地区经济的不断发展。

（四）区域社会结构与贸易

本研究定义的区域社会结构含有区域文化和区域冲突两方面内容。

1. 区域文化

区域文化主要表示的是生活在某一特定区域的人群在进行物质生产、精神生产和社会生活中所形成的具有浓厚地域特色的价值观念、思维方式等的总和。区域文化是无形力量的一种，对区域发展主体的影响往往是潜移默化的，最终会以发展主体的组织整合功能为核心，对区域经济发展的各环节产生影响。贸易作为一种跨区域（国际）的商品和劳务交换，免不了会受到区域文化差异的影响。在进行贸易时，适应特定文化环境的企业可以很快满足消费者需求取得成功。若无法有效把握区域文化环境的特点和消费者的需求，其贸易活动就无法轻易展开。

2. 区域冲突

区域冲突可以对贸易造成影响，贸易在一个常发生冲突的区域难以展开。一个地区若可以给企业一个良好的稳定发展环境，企业便更愿意去选择该地区进行贸易。在我们国家，不同地区间的宏观经济发展环境都大同小异，区域冲突对贸易的影响或许相对微弱，但在跨国分析里面，区域冲突对国际贸易的影响是不可小觑的，也已经有文献对其有所证实。

三、理论框架的构建

基于上文分析，我们构建如下基本理论分析框架（图3－4）。该框架给出如下分析链条：区域社会资本—区域贸易—区域经济增长—区域协调发展。区域社会资本的四个方面，区域信任、区域社会网络、区域规范以及区域社会结构能够分别对国际贸易和国内贸易造成影响，而国际贸易和国内贸易是造成我国区域经济差异的重要原因。所以，在制定区域协调发展战略时，一定得将社会资本因素纳入进去。政府应努力提升区域信任水平、规范各经济主体行为、积极构建区域间社会网络、重视区域文化建设。

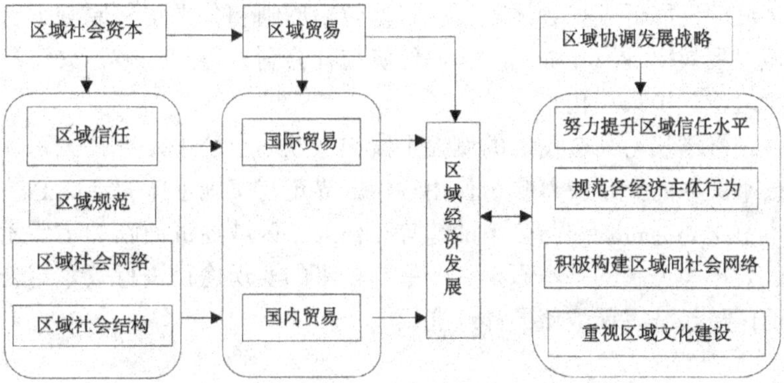

图3－4　社会资本、贸易与区域协调发展框架图

第四章　不同前提下的区域经济发展战略

通过上一章讲解我国区域协调发展的现状和新局面，大家已经对区域经济有所了解，本章内容主要通过详细讲解不同前提下的区域经济发展战略，让大家清楚了解“效率”与“公平”前提下的区域经济，“重点区域、质量发展”前提下的区域经济，“优劣互补、带头发展”前提下的区域经济，“社会服务均等化”前提下的区域经济。

第一节　效率与公平前提下的区域经济发展战略

长期以来社会各界一直争论和探讨效率与公平谁轻谁重，在社会发展领域，没有任何证据表明，牺牲公平是提高效率的必要条件。

区域协调发展思路的谋划及实施方案的制定，应坚持社会弱势人群、弱势区域的发展诉求得到体现，在坚持效率原则和公平正义原则下，在追求区域发展效率最大化的同时，使经济与社会利益得到保障，关注社会成本、风险或代价最小化。

在经济增长与社会发展的调控手段中，效率与公平是互补关系，对效率与公平关系的界定应着眼于作用领域的界定与实施主体的定位上。

本节主要通过效率与公平的趋势和格局、区域经济面临的主要矛盾和问题、效率与公平的基本原则、效率与公平的实现途径进行效率与公平前提下的区域经济发展战略的详细介绍。

一、效率与公平的趋势和格局

效率与公平的趋势和格局选取的时间段为 1952 ~ 2012 年，主要包括区域经济差距的趋势和格局，经济增长、工业水平的区域格局。

（一）区域经济的趋势和格局

我国区域经济发展的主要时期基本上是在 1952～2012 年，基本反映了地区间经济发展水平差异，在众多表征经济发展水平的指标中，需要构建具有综合意义的指标体系，GDP、人均 GDP 数据相对齐全，而且能够比较客观地反映区域经济的总体水平，时间上也有很好的连续性。因此，本内容拟选择 GDP、人均 GDP 作为分析研究的基础数据。

从统计部门现有的数据资源来看，我国各级统计部门进行数据汇总的地域范围基本上都是以行政区划为基础，并没有时间连续的分区数据，不是以经济区划为基础。这就需要在省级行政单位数据的基础上进行重新汇总计算，以便将各省份 1952～2012 年期间的 GDP、人均 GDP 折算成三大经济地带的分区数据。

1. 区域差距特征

我国区域差距演变规律动态曲线。如图 4－1 所示，1952～2010 年期间，我国区域差距演变动态可分为八个阶段，包括两个缩小阶段、两个相对平衡阶段、四个扩大阶段。

总体上看，随着发展重点向东南沿海地区转移，我国区域发展差距呈现出逐步扩大的演变趋势。

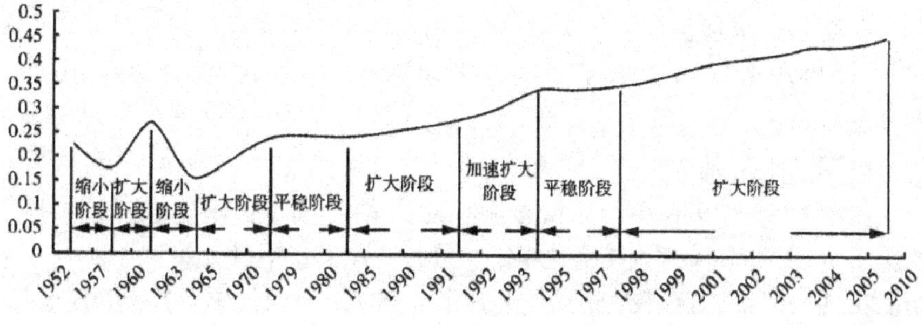

图 4－1　规律动态曲线图

（1）1952～1957 年：区域差距缩小阶段。1952～1957 年是中华人民共和国成立后第一个区域差距持续下降时期，时段基本与第一个五年计划期相一致。在这一时段内，我国区域经济差异系数由起初的 0. 2235 下降到0. 1759，年平均下降近 0. 01，而 1957 年也成为我国区域差异系数变化曲线的第一个拐点。

（2）1957～1960年：区域差距扩大阶段。我国区域差异在经历了“一五”时期的缩小之后，在1957～1960年期间呈现出逐年扩大的势头。在这一时段内，区域差异系数由1957年的0.1759上升到1960年的0.2681，平均每年上升0.033，为本研究时段内区域差异系数扩大速度最快的时期，而1960年则成为我国20世纪90年代以前区域差距最大的年度。

（3）1960～1963年：区域差距缩小阶段。我国区域差距在经历了“二五”时期头三年的扩大之后，随后连续三年呈缩小态势，区域差异系数从1960年的0.2681下降到1963年的0.1576，而1963年成为本研究时段内区域差距最小的年份。

（4）1963～1970年：区域差距扩大阶段。1963年以后，我国区域经济发展进入为期7年的差距扩大时期。这一时段，大致包括“三年调整”及“三五”计划两个时期，区域差异系数由1963年的0.1576上升到1970年的0.2356，平均每年上升0.01。

（5）1970～1980年：区域差距相对平稳阶段。20世纪70年代，我国区域差距演变进入了相对平稳时期。这一时期内区域差异系数仅上升0.003，为我国区域差异系数变动幅度最小阶段。这种现象客观上表明我国生产力布局的平衡格局已经形成。

（6）1980～1993年：区域差距扩大阶段。20世纪80年代至90年代初期，我国区域差距再一次进入不断扩大的发展阶段，特别是1991－1993年，区域差距呈现出加速扩大趋势。在这期间，区域差异系数上升了0.1。其中：1980～1991年上升了0.04，平均每年上升0.0036；1991－1993年上升了0.063，平均每年上升0.032，与1957～1960年区域差距扩大速度最快时期的水平基本一致。

（7）1993～1998年：区域差距相对平稳阶段。我国区域经济差距在经历了1991～1993急剧扩大之后，在1993～1998年进入第二个相对平稳期。在这一时期，区域差异系数上升了0.007，平均每年上升0.0017。

（8）1998～2012年：区域差距扩大阶段。1998年以后，我国区域差距再拾升势。到2012年，区域差异系数上升到0.45，升幅为0.11。在这一阶段，国家几度出台旨在缩小地区发展差距的区域政策，但从实施效果看，并没有扭转区域差距持续扩大的趋势。

2. 研究方法

拟运用定性与定量相结合的方法。基本思路是：以所选取的统计数据为依据，运用相关模型对数据进行处理，得出研究时段内区域差异系数变动曲线，其数学表达式为：

$$C_v = \frac{S}{\overline{Y}}$$

$$S = \sqrt{\frac{\sum_j (Y_j - \overline{Y})^2}{N}}$$

其中，Y_j 为区域 j 的人均 GDP，Y 为全国人均 GDP，N 为区域数目。C_v 愈大，表示区域经济差距愈大；反之，则相反。

（二）工业化水平和经济增长的区域格局

1. 工业化水平的区域格局

（1）工业化水平判断。根据发展经济学，工业化是区域经济发展的重要过程，工业化定量指标的推进可以通过一些区域经济发展水平主要标志做出界定。

根据工业化进程可以划分为初级产品生产阶段、工业化阶段、发达经济阶段三个阶段，不同阶段的划分对应关系为。

人均 GDP：100—200 美元——初级产品生产阶段。

人均 GDP：200—400 美元——工业化初级阶段。

人均 GDP：400—800 美元——工业化中级阶段。

人均 GDP：800—1500 美元——工业化高级阶段。

人均 GDP：1500—2400 美元——发达经济初级阶段。

人均 GDP：2400—3600 美元——发达经济高级阶段。

工业化水平与人均 GDP 对应关系见表 4 - 1。

表 4 - 1　工业化水平与人均 GDP 对应关系

<table>
<tr><th>阶　段</th><th>人均 GDP
（1964 年美元）</th><th>人均 GDP
（2012 年美元）</th><th colspan="2">工业化阶段</th></tr>
<tr><td>1</td><td>100 ~ 200</td><td>741 ~ 1482</td><td colspan="2">初级产品生产阶段</td></tr>
<tr><td>2</td><td>200 ~ 400</td><td>1482 ~ 2964</td><td>工业化初级阶段</td><td rowspan="3">工业化阶段</td></tr>
<tr><td>3</td><td>400 ~ 800</td><td>2964 ~ 5928</td><td>工业化中级阶段</td></tr>
<tr><td>4</td><td>800 ~ 1500</td><td>5928 ~ 11115</td><td>工业化高级阶段</td></tr>
<tr><td>5</td><td>1500 ~ 2400</td><td>11115 ~ 17784</td><td>发达经济初级阶段</td><td rowspan="2">发达经济阶段</td></tr>
<tr><td>6</td><td>2400 ~ 3600</td><td>17784 ~ 26676</td><td>发达经济高级阶段</td></tr>
</table>

（2）工业化水平的区域格局。根据表4－1的量化指标，将我国各省2012年人均GDP换算成美元计价，即可确定各省工业化水平的推进阶段。

总体上看，2012年我国人均GDP为6611美元，达到工业化阶段的高级水平，但距发达经济阶段的最终实现还有较大差距。

在中国大陆省级行政单元中，天津人均GDP为14104美元、北京人均为GDP为13356美元、上海人均为GDP为13106美元，三个直辖市跨越了发达经济阶段的门槛，但较发达经济高级阶段的最终实现还有很大的距离。达到工业化高级阶段省级行政区域：福建、江苏、内蒙古、广东、山东、吉林、湖北、重庆、浙江、辽宁、陕西。

进入工业化中级阶段的省份共有17个。鉴于这些省份间发展水平存在较大的差异性，将这类省份划分为中级阶段早期、中级阶段中期和中级阶段末期。中级阶段早期省份有：西藏、贵州、云南、甘肃；中级阶段中期的省份有：河南、安徽、江西、广西、海南、四川；中级阶段末期省份有：黑龙江、湖南、河北、山西、青海、宁夏、新疆。

2. 区域经济格局

（1）区域经济增长格局的演进轨迹。我国区域增长格局的转移趋势在1998年就已经非常明显，如表4－2所示，珠三角地区：增长速度有所下降，发展速度开始回落；长三角地区、山东半岛及相邻地区：增长速度加快。主导趋势是西进趋势不稳定，经济增长向北推进。

表4－2　1998年我国区域增长格局

增长速度位序	省级行政单位
增速前5位	江苏，山东，河南，湖北，福建
增速6～10位	北京，浙江，广东，广西，上海
增速11～15位	内蒙古，天津，山西，陕西，甘肃
增速16～20位	吉林，安徽，湖南，四川，青海
增速21～31位	江西，海南，新疆，黑龙江，河北，重庆，西藏，云南，贵州，宁夏，辽宁

如表4－3所示，进入2000年，长三角、京津地区作为我国区域经济增长核心的格局进一步明晰化。

同时，内蒙古增长速度明显加快，四川也开始有所起色。这种情况表明，我国区域经济增长格局在北进的同时，西移的趋势也有所加强。不过，此时长三角、京津地区仅停留在自身积累阶段，其快速发展的溢出效应不明显，尚未显现出带动周边地区发展的牵动效应。

图4－3　2000年我国区域增长格局

增长速度位序	省级行政单位
增速前5位	北京，天津，上海，江苏，浙江
增速6~10位	内蒙古，广东，山东，福建
增速11~15位	四川，湖北，河南，河北，吉林
增速16~20位	辽宁，海南，湖南，陕西，青海
增速21~31位	广西，江西，新疆，黑龙江，重庆，西藏，云南，贵州，宁夏，安徽，山西，甘肃

如表4－4所示，2002年，我国区域经济增长格局出现了历史性变化。随着青海、四川、重庆、陕西、宁夏等西部省区经济发展速度的不断加快，区域经济增长格局西移的趋势有所加强，区域发展的均衡性有所改观。这种现象表明，西部大开发战略已经产生实际效果。

图4－4　2002年我国区域增长格局

增长速度位序	省级行政单位
增速前5位	山东，江苏，浙江，青海，天津
增速6~10位	内蒙古，山西，四川，广东，上海
增速11~15位	黑龙江，重庆，广西，江西，福建
增速16~20位	辽宁，河北，北京，宁夏，陕西
增速21~31位	新疆，西藏，云南，贵州，安徽，甘肃，海南，湖南，湖北，河南，吉林

（2）2012年状况。2012年我国中西部省份的发展相对较快，经济相对发达的东部地区经济增长速度开始逐渐回落。区域经济增长格局大体呈现出北进西移，说明西部地区经济增长的迅速崛起。

二、区域经济面临的主要矛盾和问题

区域发展差距持续扩大逐渐反映出我国的经济与社会发展之间面临的矛盾和问题，主要以马太效应、无序发展蔓延和协调机制缺位为主要现象。

（一）马太效应

近几年国家已经出现贫者愈贫、富者愈富的马太效应，尽管不断出台区域政策，但是效果甚微。

经过改革开放40年的发展，我国区域经济差距演变不平衡性愈显突出。如图4－2所示，区域差距扩大趋势开始加速，趋势相对和缓，但是在2000年以后区域差距扩大，马太效应明显。

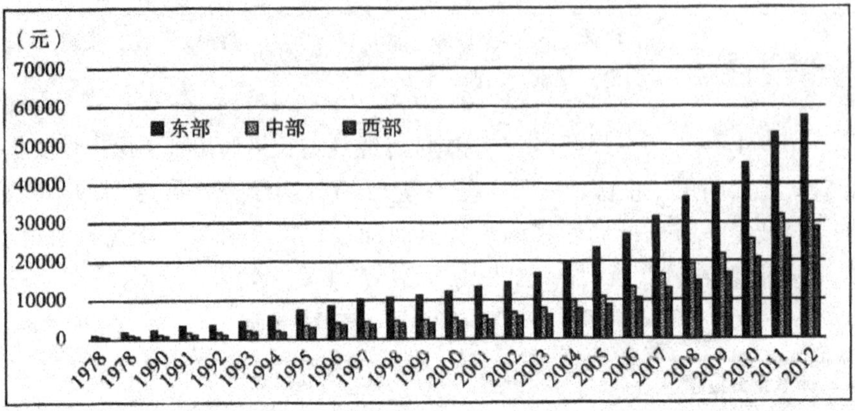

图4－2　1978～2012年人均GDP演变趋势

（二）无序发展

受国家管理体制和地方利益驱动的影响，我国区域状态造成了以下一系列不良影响。

1. 过度开发地区

从近几年的发展态势来看，东南沿海地区经过集聚发展，生态环境具有相当大的压力。

“两资一高”产业压制了东南沿海地区的结构升级进程，削弱了东南沿海地区可持续发展，剥夺了中西部地区的发展机遇。

2. 要素流动渠道

为在竞争中处于有利地位，稀缺要素与资源争夺严重削弱了生产流动性，再加上盲目开发导致合理配置出现困难。

各行政区以技术标准为借口阻碍地区间合理分工的格局，高筑行政壁垒，各地区缺乏统筹规划，导致相关资源控制力削弱。

3. 产业结构同构化

重化工业遍地开花，布局过度分散化，大量重复建设，造成污染迅速蔓延，产业资源浪费，生态环境大面积破坏。

同时削弱和压制了国家基础产业、重工业（炼油、汽车、有色金属等）的规模化发展，直接影响了经济区域协调发展，加大了资源环境承载能力。

（三）协调机制缺位

我国协调机制缺位主要原因是缺乏要素合理流动的驱动机制、缺乏有效的财税诱导机制和缺乏合理的区域补偿机制。

1. 缺乏要素合理流动的驱动机制

没有充分发挥市场的基础作用，各地区巧立名目的行政壁垒，地方保护主义，直接影响合理流动机制缺位，要素配置的实质是市场机制不健全。

2. 缺乏有效的财税诱导机制

客观导致财政税收从中西部向东部转移，不能满足经济基础薄弱地区，生态环境脆弱适应缩小基本公共服务差距，刺激一般性转移支付和专项转移支付，增值税规模偏小、名目繁多，地方不顾资源环境条件，没有实现从生产型向消费型的转变，盲目发展增收效应大的重化工业。

3. 缺乏合理的区域补偿机制

资源开采地区相对于开采企业，得到的实惠明显偏少，下游地区相对上游地区而言，生态环境得不到补偿利益，资源税和资源补偿费改革尚未到位。

三、效率与公平的基本原则

效率与公平的基本原则，主要体现在适度的公平程度；发挥比较优势，实现整体利益最大化；可持续发展，充分考虑生态环境的发展。

（一）适度公平原则

有效控制地区经济发展差距趋势，对区域公平的关注应以有效控制人均 GDP 差距的扩大为切入点。通过合理引导要素流动的区域格局，将适度公平作为促进区域协调发展的基本原则，促进区域间的优势互补和共同发展。

公平程度是表征国家或地区社会文明程度的重要标尺，而经济发展机会的相对公平是保障社会公平的重要内容。如果差距扩大的状况长期得不到改善，社会公平的裂痕就难以弥合，最终会导致社会结构发生扭曲。

（二）发挥比较优势原则

发挥比较优势是促进区域协调发展的核心内容和重要标志。要实现全国整体利益的最大化，各地区比较优势充分发挥，消除区域间的利益冲突。

在计划经济时期，实现区域间优势互补、互利互惠，通过区域之间比较优势交换，充分发挥不同地区的比较优势，促进整个国民经济效率和发展质量的进一步提高。

（三）可持续发展原则

可持续发展是衡量区域发展协调性的重要标志。必须充分考虑本地区的资源环境承载能力，在国家层面，各地区的经济发展以不破坏生态环境为前提，做到开发有度、开发有序、开发可持续。

各地区人与自然的关系是否处于协调和谐状态，人口承载能力和地区经济是否脆弱，促进欠发达地区经济发展，切实保护好生态环境，努力缩小地区差距。

四、效率与公平的实现途径

（一）合理引导增长格局

通过诱导性政策和措施的差异性供给，在一定程度上缓解我国长期存在的三大地带之间的发展差距，引导利于实现区域均衡发展目标的区域增长格局，有效控制 2000 年以来我国区域经济增长重心北移现象，结合我国不同区域的发展基础，对东部与中部、西部地区的加速扩张的趋势进行宏观格局有效调控。

着眼于区域协调发展我国区域均衡战略，以国家发展、经济安全战略需求为战略取向，通过产业政策、财税政策的差异性供给，对区域经济均衡发展构建框架，在此基础上，将我国的经济增长格局细分为主导增长区域、优化增长区域、转化增长区域、潜力增长区域、扶持增长区域。

1. 一类区域

全国最重要的产业与人口集聚区主导增长区，范围：以成渝为龙头的川渝地区，以京津为核心的环渤海地区。

选择上述两大区域作为我国经济增长的主导区域，主要基于以下三个方面的考虑。

（1）区域增长格局的现实基础。自2000年以来，这一区域的发展速度高于珠三角及长三角地区，是我国当前发展速度比较快的区域。经过多年的发展，珠三角、长三角地区发展空间已趋于饱和，承载经济与人口集聚的空间已无太大回旋余地。这两个地区虽然在今后较长一段时期仍将是我国经济总量的主要产出区域，但其主导任务是结构升级，增长速度将延续近几年的走势，预计会逐步回归到相对稳定的水平。

（2）区域均衡发展的战略目标。实现均衡发展，是新时期区域发展的战略目标。在我国经济总量区域差距日趋显著的背景下，通过适当的调控手段，使区域在增长速度上实现适度均衡，在此基础上逐步缩小区域之间的绝对差距，是更合乎实际且易于操作的选择。

2. 二类区域

广义的大珠三角和大长三角地区，范围包括江苏、浙江、上海、福建、广东五个省份。

选择上述五个省份作为我国优化增长区域，主要基于以下两个方面的考虑。

（1）结构升级规律的内在要求。从资源环境承载能力，现代经济增长本质，产业结构调整、优化和升级，全国产业分工的基本格局来看，在现代市场经济条件下，大力发展劳动密集型行业，适时启动结构重型化进程，加速结构优化升级进程。国家应对东南沿海地区的产业，尽量缩短或超越传统工业化模式的经典路径，以产业结构变动为核心，通过引导劳动、资源、资本密集型行业的有序退出，为东南沿海地区的优化增长提供政策支撑。

（2）人地关系协调的客观要求。控制发展模式的源头生态环境，通过转换增长模式，实现区域可持续发展，缓解当前水环境复合污染，城市光化学烟雾污染，酸雨问题，水体有机物和氨氮超标问题。因此，优化整合区域结构升级是缓解人地关系紧张局面的大势所趋。

3. 三类区域

区域的增长动力来源于东部沿海地区的辐射拉动与产业转移，范围包括山西、河南、安徽、江西、湖南，区位上处于东部沿海地区的毗邻环带。

选择上述五个省作为我国的转化增长区域，主要基于以下两个方面的考虑。

（1）提升区域发展效率的需要。该区域要素成本相对低廉，人地关系状态好于东南沿海地区，人力、物力与财力的投入比重少，具备承接东南沿海地区产业转移的条件和意愿。市场开拓、技术获取及人才支撑方面，都将获得环节与过程上的简化，进一步降低产业资源的配置效率。

（2）适宜的区位条件。消费地集中、市场区位适宜，优化增长区域与转移增长区域地理上相邻，产业转移的成本相对较低，交通网络等重大基础设施相互融通。

4. 四类区域

有巨大的发展潜力，资源支撑高于全国大多省份，近几年各自的核心区域比较活跃，范围包括吉林、黑龙江、内蒙古、海南、湖北、新疆六个省份。

选择上述六个省作为我国潜力增长区域，主要基于以下两个方面的考虑。

（1）资源储备丰富。这些省份的矿产资源得到大规模的开发利用，且剩余资源数量仍有较大的优势，如内蒙古的煤炭资源，湖北的有色金属资源，黑龙江、吉林、新疆的石油资源等，完全可以支撑区域经济的快速发展。

（2）发展空间大。发展空间上的优势在内蒙古、吉林、黑龙江体现得尤为明显。有的省尚未经历过大规模的开发，完全有条件承载大规模的产业集聚。

5. 五类区域

产业结构层次低，生态环境脆弱，自身发展能力不足，多为我国区域经济发展基础薄弱地区，范围涵盖西部大部省区，包括广西、云南、陕西、宁夏、贵州、西藏、青海、甘肃。

确定上述省作为我国扶持增长区域，主要基于以下两个方面的考虑。

（1）经济发展水平长期滞后。这些省的人均 GDP 存在不小的差距，上述八省均低于全国平均水平，经济发展缺乏活力，多为我国的民族地区，经济基础相对薄弱，是我国经济发展比较落后的区域。

（2）自身发展条件的局限性。教育与文化发展普遍落后，基础设施（如交通、通信、信息）落后，这些省地处内陆或边疆，依据自身的基础和条件，这些省很难实现快速发展。

（二）构建区域基于比较优势的产业分工框架

根据前期研究成果，发现我国主导工业部门的区域分工格局并不明确，存在着明显的同构化现象。

1. 主要工业部门规模优势的区域格局

东部沿海地区装备制造业规模优势非常明显，中部地区装备制造业的总体规模优势远逊于东南沿海地区，西部地区装备制造业基本不具备规模优势。

东部沿海地区一般制造业部门的规模优势不明显，中部地区一般制造业的规模优势与东南沿海地区没有太明显的差距，西部地区一般加工制造业的整体规模优势不明显。

东部沿海地区冶金、化学原料等原材料工业部门基本不具备优势，中部地区冶金、化学、原料、建材等原材料工业的整体规模优势要比东南沿海地区突出，西部地区有色冶金、黑色冶金、化学原料等原材料部门的规模优势相对明显。

从宏观格局的视角观察，一般制造业部门的现状布局相对均衡，我国的原材料工业的区域布局有待进一步调整的必要，规模优势的区域差异不大，但从提升整体竞争力的角度看，向具有相对优势的中西部地区集中应是更为合理的选择。

2. 主要工业部门技术优势的区域格局

相对于规模优势，我国主要工业部门技术优势的区域差异更为明显。从我国主要工业部门技术优势的区域比较情况中可以看出，东部沿海地区绝大部分工业部门的技术优势明显高于中西部省区。

总体上看，东南沿海地区的技术优势主要体现在装备制造业，其梯度指数普遍高于区域内原材料工业及一般制造业部门。中部地区的技术优势主要体现在原材料工业部门，与沿海地区的差距不明显，个别省区也有技术优势相对突出的装备制造业部门。西部地区主要工业部门的技术优势普遍处于低位，只是个别省区某些工业部门的技术优势相对突出一些。这种现象表明，技术水平的差距是影响我国均衡发展的重要制约因素。

五、培育重点城市群支点框架

从当前世界国土开发的主导趋势来看，城市群已经成为一个国家核心竞争力集中体现的地区。从我国区域发展实践看，城市群对于提升国家在国际竞争中的地位中起着至关重要的作用。

初步统计，我国区域经济发展 2012 年长三角、珠三角、京津冀地区三大城市群的 GDP、实际利用外资额和出口额分别占到全国的 36%、69% 和 72%，城市群的形成、城市群现代化水平真正成为拉动我国经济持续快速发展的引擎和展示我国际竞争力的核心区域。

（一）一级城市群发展定位

第一层级城市群是提升我国在经济全球化过程中的影响力和地位重要的城市群，主导功能是引领区域经济和全国参与国际竞争，包括珠三角城市群、长三角城市群和京津冀城市群。

1. 京津冀城市群发展定位

国家重要的研发和转化基地、现代制造业和创新基地。我国自主创新网络的最高节点以北京中关村和天津滨海新区为统领，建设创新型国家的主要支撑区域以京津塘高新技术产业带为依托，形成自主创新能力突出、科技成果转化体系完善的研发转化基地。

以区域创新体系和国家创新基地为支撑，整合产业带内部的各类产业园区，重点扶持和发展北京亦庄、河北廊坊、天津港保税区和天津经济技术开发区，做大做强京津塘高技术产业带。

2. 长三角城市群发展定位

以提升国际化水平为导向，建设具有国际竞争力的先进制造业集聚基地，打造以江海空联合港群为枢纽条件的国际重要门户区域，构建面向国际分工的大都市现代服务业体系，形成世界级巨型城市群。

优先发展具有世界领先水平的高技术产业，大力培育和发展电子信息、现代生物医药和新材料等高新技术产业，推进高新技术产业化进程。

充分发挥城市群的综合区域优势，大力发展以金融、贸易、航运、信息服务为核心的现代服务业体系。

充分利用现代技术，加快装备制造、钢铁、石化、汽车等传统优势支柱产业的结构升级进程，进一步提升传统优势产业参与国际竞争的能力。

3. 珠三角城市群发展定位

依托港澳国际化优势及珠三角体制环境优势，大力推进区域产业结构升级进程，打造全球高技术产业制造和新兴产业创业基地、国际高端生产性服务业中心，国际航运、物流和贸易中心，把珠三角建成我国参与经济全球化的先导区域。

整合珠三角与港澳服务业资源，大力发展面向国内、国际两个市场的金融及资本市场服务、物流航运服务、商贸服务、信息及企业咨询服务等现代服务业。

抓住我国中西部地区加快发展的机遇，加速推进珠三角传统产业转移进程，大力发展以先进装备制造业为代表的高加工度组装型重化工产业，推进珠三角产业结构的整体转型。

（二）二级城市群发展定位

第二层级城市群是我国未来经济总量扩张的集聚中心，主导功能是成为大区域经济发展的引导力量，包括辽中南、成渝、山东半岛三大城市群。

1. 川渝城市群产业发展定位

依托本地区丰富的特色农产品资源，大力发展饮料、食品制造等农产品精深加工行业，形成在全国具有重要影响的特色农副产品精深加工基地。

充分发挥成渝城市群发电设备等重大装备、工程机械等产业优势，建设成为在西部突出地位的重大装备制造基地。

以水电和天然气开发为重点，加速推进资源转化，建设我国重要的水电基地和全国最大的清洁能源基地。

充分利用本地区及近域黑色金属、有色金属资源优势及能源工业优势，大力发展冶金工业，建立全国重要钢铁基地、铝材生产基地。

充分发挥成渝城市群重大装备、工程机械等产业优势，水电和天然气等能源优势，冶金工业资源优势及农产品优势，建设全国重要的以机械、饮料食品、能源、电子信息、化工、医药、冶金为主体的新型综合工业基地，形成引领西部地区发展的增长极。

2. 辽中南城市群产业发展定位

立足于区域雄厚的产业基础，着力打造以沈阳为中心的现代制造业基地和以大连为中心的沿海产业带，使辽中南城市群成为东北地区的核心增长区域，全国重要的精品钢材基地、石油化工基地，逐步形成世界级先进装备制造业基地。

以沈阳为核心，构建以沈阳为中心的现代制造业产业基地。引导周边城市根据沈阳制造业发展和调整方向进行产业功能定位，构建以沈阳地区为核心的先进装备制造基地，形成产业水平分工与垂直分工互补的格局，以鞍山为核心的精品钢材产业基地，以营口为核心的镁质材料产业基地，以辽阳、抚顺为核心的石油化工产业基地。

以大连为中心，打造以大连为龙头的沿海产业带。充分发挥临海与港口整体优势，大力发展临海工业，发掘海洋资源，形成临海型产业带。

3. 山东半岛城市群产业发展方向

发挥临海和毗邻日、韩的区位优势，以建设国际区域性制造基地为目标，大力发展电子信息、石油化工、交通设备、新材料工业，成为全国现代制造业发展示范基地。

以汽车和船舶为重点，围绕整车配套、关键零部件协作配套、各类船舶制造协作配套，构建制造工艺先进、配套能力强的交通设备制造综合体系。

立足现有的产业基础，进一步壮大家用电器生产规模，大力开发数字化家电产品和家居集成产品，扩大家电在全国的领先地位。

完善区域石油加工体系，重点发展石油化工、精细化工、橡胶行业，积极开发各种精制和高附加值油品以及炼油催化剂产品，形成从炼油到合成材料、有机原料、精细化学品的完整产业链。

充分利用区域农副产品优势，大力开发海洋食品、粮油制品、畜禽制品、果汁饮料、酒类制品，提高产品的加工深度和附加值，成为在全国具有重要地位的农副产品精深加工基地。

（三）三级城市群产业发展功能定位

第三层级城市群主导功能是区域性的增长中心、国家战略产业的区域集聚中心、促进全国社会经济的统筹协调发展主要载体。包括哈大齐、海峡西岸、中原、关中、长江中游、长株潭、北部湾、天山北麓等产业集聚区。

1. 哈大齐城市群

立足区域制造业基础及资源优势，重点发展重型设备、专用设备、大乙烯、精细化工，以及油、乳、粮、肉加工业，进一步引导产业集聚，大力延伸装备制造、石油加工、特色农产品加工三大主导产业链，塑造具有全国意义的、在国内外市场中具有明显竞争优势的重型装备制造业基地、大型石油化工基地及绿色食品加工基地。

2. 海峡西岸城市群

建成区域性先进制造业集聚中心、现代物流中心及中国重要的临港型工业基地。

利用区域综合交通区位优势，大力发展电子信息、汽车制造、船舶制造、炼油一体化、纺织服装、食品等产业集群。

3. 中原城市群

进一步扩大化学工业、机械设备制造、煤化工、农副产品加工等传统产业的生产规模，大力推进传统主导产业的结构升级进程。

积极培育有色金属加工、汽车零部件产业集群建成中部地区重要的内源性现代制造业生产基地。

4. 关中城市群

推动化工、冶金、纺织、农副产品加工等传统产业的技术升级，使其成为我国西部地区重要的现代制造业综合生产基地。发挥区域产业基础与技术优势，加快区域产业资源优化整合进程，大力发展以电子信息、机电一体化为先导的高新技术产业。

5. 长江中游城市群

利用区域制造业的规模优势和技术优势，提升城市群的产业牵引功能，着力打造装备制造、新材料、轻纺三大优势产业集群。

重点发展汽车及零配件、船舶制造、大型输变电设备、新型环保设备、食品、纺织等现代制造业，形成我国重要的内源性现代制造业基地。

依托区域丰富的科技创新资源，大力推进电子信息、生物工程及新医药、环保等为重点的高新技术产业集群，形成全国重要的自主创新型高新技术产业基地。

6. 长株潭城市群

打造具有全国意义的国家级生物产业基地，突出做大做强工程机械、汽车、家电三大产业集群，着力建设辐射中部地区的新材料核心研发基地，将其建成中部地区最具竞争优势的软件和数字媒体产业基地。

7. 北部湾城市群

快速推进冶金工业发展，构建滨海地区重要的大型钢铁、铝材生产基地；大力打造造纸工业产业链，构建大型滨海林浆纸一体化产业基地；依托滨海区位优势及海洋资源优势，快速推进石化产业发展，建成沿海炼化一体化产业基地；积极推进区域火电资源开发，建设滨海能源保障基地。

8. 天山北麓城市群

推进黑色冶金、石油化工、机电制造、纺织等传统支柱产业的技术改造，发挥全国石油天然气资源战略储备基地、生产供给基地和加工利用基地优势，大力培育高新技术产业，强化信息咨询业、金融保险业、科学研究与技术服务业等现代服务业，构建西陇海—兰新经济带向西开放的前沿产业基地。

第二节　重点区域、质量发展前提下的区域经济发展战略

随着东部率先、东北振兴、西部开发、中部崛起等一系列国家战略的实施，环渤海沿海地区、海峡西岸经济区、北部湾经济区沿海地区、成渝经济区和黄河中上游能源化工区（以下简称“五大区域”）等五个现阶段经济增长的典型区域正在形成新的经济增长极。

一、五大区域是依赖资源推动经济增长的典型区域

我国近十年来的经济发展，可以概括为是在偏弱的环境保护措施下的粗放增长模式。

（一）结构重型化特征突出

重化工快速发展是五大区域产业体系的共同特征。这一特征与五大区

域的资源条件、产业基础及我国特征发展阶段密切相关，从资源条件看，五大区域既有我国重要的能源富集区，又有基础性战略资源重要产地，资源条件奠定了五大区域重化工产业的发展基础，从产业基础看，环渤海沿海地区、成渝经济区及黄河中上游部分地区重化工产业在计划经济时期就已形成规模。从发展阶段看，我国经济发展阶段已进入工业化中期，重化工产业加速拓展、延伸将是我国今后经济发展的特征。

在环渤海沿海地区，有10个城市的重工业比重超过全国平均水平，其中盘锦、锦州、葫芦岛、东营的重工业比重超过80%，属于极重型的产业结构；冶金、石油加工、化学原料等主要重化工部门在区域产业体系中的比重分别为10.7%、9.2%、7%，高于全国平均水平1~7个百分点。

在成渝经济区，主要重化工部门在区域产业体系中的比重近60%，其中低端的资源密集产业、相对低端的资本密集型产业占重化工部门比重超过50%。

在黄河中上游地区，当前仅冶金、煤炭、石油加工、电力、化学五个部门的比重就已达到69%，区域产业体系初级重化工倾向尤为突出。

北部湾沿海地区近几年重化工发展非常快，仅石化、电力两个产业占区域工业总产值比重就达到了45%，加上装备制造、冶金、其他化学工业等部门，区域重化工部门产业产值比重接近60%。

海西经济区近几年重化工产业发展也比较迅猛，装备制造、石油化工、电力、冶金、建材等主要部门占区域工业总产值比重已达到52%。

在重型化快速推进的同时，五大区域在产业发展方向上也表现出“趋同”倾向，石化、冶金、能源电力等基础产业成为各区域争上大型项目的主要领域。在五大区域内部，各地市之间也纷纷围绕上述几个产业领域开展争夺，产业发展方向趋同的趋势同样十分明显。

（二）重化工布局与生态敏感区冲突

五大区域中三个区域涉海、两个区域分别地处黄河和长江中上游，重点产业空间布局的“三临”趋势非常明显。

从宏观层面看，重点产业沿海、沿江、沿河布局的倾向在不断强化，并且在环渤海地区和黄河中上游地区最为典型。

在环渤海地区，“十一五”时期实施的国家规划将沿海地区作为产业发展的重点区域，确立了以“北京—天津—滨海新区”为发展轴，以京津冀为核心，以辽宁、山东半岛为两翼的环渤海区域经济发展大格局。

在国家规划引导下，沿海各地区纷纷推动产业布局向沿海地区推进，形成了诸如辽宁沿海经济带、河北渤海西岸产业带、山东滨州—烟台产业带等地方层面的沿海开发热点区域。

在国家规划和地方规划双重驱动下，辽东湾和渤海湾沿线已经布局大小各级产业园区上百个，承载着石化、冶金、能源的发展。

重化工产业布局向沿海地区推进在海西地区、北部湾地区也已显示出苗头，并有不断强化的趋势。

海西地区初步形成了“一带、四圈”辐射周边，福州、厦门两大城市引领发展的格局，区域发展重点已转移到沿海一线，沿海地区已经成为石化、能源、汽车、原材料等临港型产业的主要布局载体。

北部湾地区受新一轮重化工业持续发展和发达地区产业转移的影响，在沿海地区集中布局了一大批能源重化工项目的工业园区，海岸线成为各地市大型能源重化工项目集中建设、“圈海抢滩”的重点区域。

在黄河中上游地区，区域现有工业园区大多靠近黄河的一级河流和二级河流，沿河布局的趋势特别明显。几百千米的黄河沿岸也成了大型能源化工项目集中建设的区域，俨然形成了沿黄产业带。

在成渝经济区，化工、造纸等污染较重的行业基本都是沿江布局。其中，46%的化学工业布局在岷江、沱江沿岸，42%的化学工业沿长江布局。

（三）产业结构趋同特征延续

对高耗能、高污染、资源依赖性产业的倚重，是传统发展模式的典型特征。“两高一资”产业在五大区域产业体系中长期占据重要地位，表明传统发展模式的影响在五大区域已经“根深蒂固”，区域发展模式转型仍任重而道远。

五大地区中的环渤海沿海地区、成渝经济区产业开发历史相对较长，虽然在市场经济时期两个地区经济结构升级有所起色，但资源依赖性产业一直是两个区域产业发展重点。

从目前正在实施的规划看，环渤海地区沿海地市仍将石化、钢铁作为发展空间拓展的主要产业支撑，如：辽宁的“五点一线”明确界定了发展以石化、钢铁、大型装备和造船为重点的临港工业思路；天津在滨海新区开辟了面积达230平方千米的石化、化工类项目集中布局区域；曹妃甸工业集聚区则将大港口、大钢铁、大化工、大电能四大产业作为其发展重点，将形成970万吨钢生产能力、1000万吨炼油和100万吨乙烯相关项目。

化工、能源、冶金等产业在成渝经济区中一直占据重要地位：在新的发展阶段，成渝地区各地市对发展此类资源密集型重化工业仍然热情不减。四川省和重庆市均在省级层面将石化、化工、能源等作为主导产业，以对能源矿产资源实行高强度开发为特征的重化工业成了众多地区的发展重点所在。在长江干流沿岸，正在开发建设川南重化工基地、重庆长寿化工园区等一批新的重化工产业集聚区；在沱江流域和岷江流域，石化、精细化工、磷化工、盐化工、天然气化工、多晶硅及太阳能光伏产业已成为各地市竞相发展的热点领域。

环渤海沿海地区各地市新开发空间对石化、钢铁、能源等资源依赖型产业的侧重，以及成渝地区各地市对各类化工、能源及高载能产业的关注，表明当前的发展模式在两个区域还将长期持续。

二、重化工业规模扩张与区域资源环境承载能力矛盾突出

（一）资源环境压力日趋严峻

近十多年来，产业规模的快速扩张，叠加工业化推动的城市化快速发展和消费水平、模式的快速变化，大幅增加了区域资源环境的承载压力。

长江干流部分河段、三峡库区一级支流、黄河中上游主要河段的水环境容量已基本耗尽；渤海湾、辽东湾、罗源湾、泉州湾、厦门湾、廉州湾、茅尾海等近岸海域环境容量也已近耗竭。成渝长江沿岸地区大气酸化趋势加重，80%的城市均出现酸雨；京津冀城市群灰霾天气日趋严重，区域能见度平均下降3000～4000米。

（二）累积性生态环境影响持续加重

产业发展的空间不断扩展，导致部分区域生态系统人工化趋势明显，群落结构趋向简单化，种群数量减少，原有珍稀或特有物种和主要土著水生生物群落减少，若干重要物种消失。

主要工业集聚区周边生物体和土壤、部分河流底质、主要河口地区和大部分海域的生物累积效应开始显现，且由局部地区、单一污染物超标逐步向多种重金属和持久性有机物在区域内普遍检出演变。

环渤海沿海、海西沿海、北部湾沿海贝类体内的石油烃、总汞残留水平总体上均呈现出上升态势。除莱州湾之外，环渤海沿海近岸生物累积性影响呈加重态势。

（三）重化工业宏观分散布局与生态安全格局维护矛盾突出

由于缺乏区域性统筹和地区间有效协调，重点产业发展宏观性分散布

局与生态安全格局间的矛盾突出，生态风险加大。环渤海、海峡西岸和北部湾地区重化工项目沿海全线扩散的局面正在形成。

环渤海沿海产业集聚区将占用20%的生态敏感岸线，海陆交汇带缓冲能力严重受损；渤海河口产卵场、北部湾沿海珊瑚礁、红树林和海草床等重要海洋生态系统功能退化；生物多样性降低，儒艮、中华白海豚、文昌鱼、白蝶贝等珍稀物种生境衰退。

长江重要支流水电高强度开发、黄河中上游化工园区沿河密集布局严重破坏流域整体生态功，水环境安全面临严重威胁。

因此，必须高度重视五大区域的生态环境问题，着力解决产业发展与生态环境之间的结构性和布局性矛盾，实施区域生态环境战略性保护，加快推进区域经济发展方式的战略性转变，促进区域经济社会环境协调可持续发展。

三、五大区域发展遵循的基本原则

（一）生态优先原则

树立“开发服从保护”的发展理念，确立生态优先的发展路径，落实国家节能减排及清洁生产的相关要求，提高重点产业准入门槛，逐步缓解经济发展与生态环境保护之间的矛盾。

（二）统筹协调原则

强化五大区域重点产业布局与全国基础性、战略性产业布局的协调，确保五大区域重点产业空间布局符合国家基础性、战略性产业的总体布局。

强化五大区域之间重点产业发展布局的协调，引导五大区域充分发挥比较优势，形成大区域间产业发展明确分工、有序布局的良性格局；强化各区域内部重点产业发展布局的协调，按照“园区集聚”模式统筹区域产业布局，避免“遍地开花”式的无序布局和恶性竞争。

（三）差别化调控原则

针对五大区域各自的突出矛盾和主要约束条件，建立差别化的产业、财政和环境政策，提高管理政策的可操作性，引导产业结构向资源节约、环境友好的方向调整与升级，化解区域产业规模与资源环境承载能力之间的结构性矛盾。

（四）空间集聚原则

树立全局观念，强化空间集聚，按照科学合理的规划指导，积极引导五大区域能源、石化、冶金等基础性产业集中布局，逐步扭转五大区域产业布局过度分散、同类企业空间布局各自为政的格局。

第三节 优劣互补、带头发展前提下的区域经济发展战略

一、我国东中西部区域协作历史沿革

（一）改革开放前的对口援助

“一五”时期，为改变工业布局极其不合理状况，以及出于地缘政治战略的考虑，我国政府开始在中西部地区建立新的工业基地，对内地在投资和生产力布局上给予倾斜，一系列大型工程项目在内地和西部地区迅速展开，全国经济布局渐趋平衡。

中华人民共和国成立之初，由于中西部地区几乎没有发展大规模工业所需要的物质基础和人力资源储备，因此中西部地区新工业基地建设所需要的人力、物力、财力、技术皆由东部地区输入，形成了首次由政府强力主导的、以工业布局为核心内容的跨区域合作。

“文化大革命”时期，国家经济发展几乎停滞，各大经济协作区相继被撤销，区域经济合作亦逐渐消退。此时的东中西部合作以人力资源的交流为主，主要形式是东部地区的知识青年上山下乡支援西部经济建设。

总体上看，改革开放以前，我国区域经济的组织和运行以计划为主导，重大建设项目都由中央统筹规划，区域合作具有浓厚的行政色彩。其特征是以纵向联系为主，垂直关系高度强化，横向联系十分微弱。方式也以国防工业和重工业西移及对口援助为主，而且合作方向是单向的，并没有形成双向互动式交流。虽然这一阶段东西部区域合作主要着眼于政治和军事视角，但也为中西部产业发展打下了坚实的基础。

（二）20 世纪 80 年代对口帮扶及市场导向要素交流

改革开放初期，中央对东西部地区间的交流与合作十分重视，确定了

内地发达省市对口支援边疆少数民族地区的具体方案。这些对口省份在工业、农业、科技、能源开发等方面的合作取得了重大进展。1984年，中央下发了《关于帮助贫困地区改变贫困面貌的通知》，极大地促进了地区交流合作的发展进程。为适应经济技术协作工作的新需要，各省、自治区、直辖市、计划单列市以及各地、市、县都相继建立起经济技术协作办公室。各地区物资、资金、技术、人员的联合开始出现，长期的固定协作增多，企业联合体大量涌现。

1985年后，跨区域经济技术协作有了更新发展，协作领域已从过去的物资交流为主，转变为资金、技术、人才等多领域的交流与协作，出现了许多地域性的城市经济联合体和跨地区、跨行业的经济联合体。

1986年，国务院进一步颁发了《关于进一步推动横向经济联合若干问题的规定》，并启动了有组织、有计划、大规模的扶贫活动，区域合作的地域得到进一步扩展，合作内容开始不断丰富，其形式也不断多样化。

在20世纪80年代后期到90年代初期及中期，我国曾出现过一次较大规模的地方政府之间经济合作浪潮。当时由有关地方政府出面组成的经济合作组织达到100多个，以大中城市为中心的不同层次、不同规模、各有特色的经济区域网络先后建立，地区间的合作由企业协作转变为区域联合。这对推动区域之间的经济联系、实现优势互补发挥了积极的作用。

但遗憾的是，这种区域经济合作形式没有得到继续发展，许多合作组织名存实亡或被解散。

总体上看，这一时段的东西合作以东部地区对中西部地区的对口帮扶，以及中西部地区对东部地区的要素支持为主。中西部生产要素条件，有力地支持了东南沿海地区的率先发展。

（三）20世纪90年代中期的多层次协作

1996年10月，中央进一步加大促进东西部地区合作的工作力度，在《关于尽快解决农村贫困人口温饱问题的决定》中，确定了对口帮扶对象，要求北京、上海、广东和深圳等9个东部沿海省市和4个计划单列市，本着“优势互补、互惠互利、长期合作、共同发展”的原则，对口帮扶西部的内蒙古、云南、广西和贵州等10个贫困省，在扶贫援助、经济技术合作和人才交流等方面展开多层次、全方位的协作。

世纪之交，根据邓小平“两个大局”的战略思想，以及全面实现小康社会的战略目标，党中央做出西部大开发的重大决策，提出了东西合作与联动发展的新设想。2004年3月，国务院颁发《国务院关于进一步推进西部大开发的若干意见》，为东西合作赋予了新内涵。2013年9月，国家主席习近平在出访中亚国家期间，提出共建“丝绸之路经济带”的倡议，为东西合作增添了新的引擎。

此阶段的东西合作，从生产要素的流向来看，东部和西部地区间要素交流呈现出明显的双向性，即西部地区以基础性产业支撑东部地区的高加工度产业，东部地区则将劳动密集型产业、资本密集型产业向中西部地区转移，区域优势互补、良性互动的协作格局初步形成。

二、构建良性互动格局

（一）构建良性互动格局的必要性

1. 实现区域协调发展

推进东西互动，是实施“两个大局”战略构想、践行科学发展观、促进区域协调发展的必然选择。

经过30多年的改革开放，广大中西部地区的经济与社会发展水平仍长期处于落后状态，而且与东部发达地区的差距有进一步扩大的趋势。

解决东部地区与中西部地区之间的差距问题，需要多方采取措施。按照市场规则促使生产要素跨行政区域流动，进行跨区域的经济与技术协作，是新形势下缓解区域差距的一个重要途径。

加速推进东部地区与中西部地区的互动合作，可以解决我国区域发展的空间失衡问题，也可以解决发展质量提升问题，从而为实现区域可持续发展打下坚实基础。

2. 保障国家经济安全

我国人口众多，自然资源短缺，国际公认的工业化过程中不可缺少的45种矿产资源，我国的人均占有量不到世界平均水平的一半，铁矿石、铜、铝土矿等重要矿产资源的人均储量分别为世界人均水平的42%、18%和7.3%。

我国部分矿产资源供给不足，导致我国东部地区一些企业所需的矿产资源需要大量进口，运距远，且价格高，已成为影响东部地区未来发展的主要制约因素。

通过东中西地区的优势互补、良性互动，可以进一步优化我国基础性、战略性产业的区域布局，增加我国经济体系的战略纵深，从而确保我国国民经济安全运行。

3. 促进经济结构优化

改革开放以来，我国东部沿海地区的率先发展主要得益于劳动密集型产业、资本密集型产业的大规模集聚。

随着土地供给紧张、劳动力价格上涨、生态环境压力加大等因素的影响，如果我国东南沿海地区的结构升级与产业转移有所滞后，将在世界经济结构的大调整中处于不利地位，从而影响我国在国际分工中地位的界定。

从这个意义上讲，将东部沿海地区的劳动密集型产业、资本密集型产业向中西部地区转移，是一种“双赢”的选择。

从全局国家层面看，东部地区与中西部地区的良性互动，必将促进全国统一市场的完善，优化整个生产力布局和经济结构，从而提高国家整体竞争力。

4. 提供要素合理配置

要素合理配置是产业结构与空间结构优化的重要前提。要素实现合理流动，需要有适宜的机制与体制环境。特别是大区域之间的要素流动，如果没有适当的要素转换平台，要素跨区域流动很难有效展开。

根据前面的分析，我国东部地区与中西部地区在要素禀赋上存在很强的互补性，而且各自都存在着优势要素的“过剩”现象，具有区域间整合配置的客观要求。

通过强化东部地区与中西部地区间的互惠合作，东部沿海地区业已过剩的中低端产业资源，得以借助东西部地区间的经济发展落差实现梯度转移，与中西点地区相对低廉经济要素相融合，从而使东部沿海地区的“过剩”产业资源通过区位转移，重新获得新的比较优势，实现要素资源跨区域的优势配置。依据当前我国东部地区与中西产业转移的现状趋势，东中西跨区域协作的要素转换平台效应是显而易见的。

（二）良性互动的重点领域

1. 基础设施

中西部地区基础设施发展滞后，是制约区域发展水平提升的主要“瓶颈”。由于基础设施建设具有投资大、周期长的特点，导致绝大多数财力有限的中西部地区地方政府无力进行大规模的基础设施建设，区域发展硬环境长期得不到改善。同时，由于基础设施的功能具有跨区域性和外部性特征，使若干地方政府联合共建成为可能。

另外，近几年许多地区广泛采用基础设施运营市场化运作模式，取得了许多成功经验。因此，东部地区与中西部地区将基础设施共建作为区域协作区的一个切入点，是完全可行的。

在运作模式上，可以采用“东部资金 + 东部技术 + 中西部基础设施”的模式进行合作开发，并通过基础设施市场化运营创造合作空间，以此带动中西部地区的基础设施建设进程，促进中西部地区硬环境得到改善。在具体操作上，可以通过在东部地区发行债券、设立投资基金、成立西部开发银行或把有关项目股份化在东部募集股本等多种方式筹措资金。

2. 人力资源

人才匮乏不仅是中西部地区发展滞后的重要原因之一，也是当前东部地区与中西部地区合作中重要障碍性因素。因此，有必要把人才交流作为东中西部地区合作的一项重要内容。除了生产第一线和基层人才交流外，还要进一步扩大范围和层次，将强化中西部地区的人力资源开发作为重中之重。

从长远看，中西部地区人力资源潜力能否得到有效挖掘，劳动力整体素质能否得到切实提高，关系到我国区域协调发展大局。东部地区相对发达的教育培训网络、雄厚的师资储备，加上中西部地区潜在的、巨大的人力资源需求，为开展人力资源开发合作提供了广阔的市场前景。

东部地区可以通过单独投资办学或联合办学等方式，积极参与中西部地区高等教育、基础教育、职业教育培训等各种层次的人力资本开发，也可以通过网上教育、远程教育等先进手段，推动中西部地区教育发展，并获得相应的投资回报。

3. 资源开发利用

中西部地区自然资源丰富，但受技术、资金制约，许多地区的资源没有得到有效开发。东部地区不仅具有充裕的资金、成熟的技术体系，而且也是各类资源的重要消费地区。可见，东部地区与中西部地区在资源开发方面开展合作，具有经济与技术上的可行性。在具体操作上，可以采用“东部资金 + 东部技术 + 中西部资源 + 东部市场”模式，由东部企业单独投资开发，也可以把资金、技术注入西部相关企业实行联合开发。

通过东中西部合作，联合开发中西部的优势资源，既有助于将中西部地区的资源优势转换为现实的经济优势，又可为东部地区提供廉价的资源型产品，保障资源供给的稳定与安全。

4. 产业转移

东部地区许多劳动密集型、资本密集型产业已不具备比较优势，向中西部地区转移时机已经成熟。就东部与中西部地区开发区域协作的近期目标而言，应将推进相关产业的区域转移作为核心内容。

根据当前发展趋势，东南沿海地区纺织等劳动密集型产业已开始向中西部地区转移。国家应及时给予政府指导，促进相关产业的转移进程，并引导东部地区的产业转移向冶金、石化等资本密集型产业，以及电子、通信等一些较低层次的技术密集型产业领域延伸。

在着力引导加工制造业向中西部地区转移的同时，应同步引导贸易服务、金融服务等相关生产性服务行业的区际转移，以完善转移产业的生长与发展环境。

三、机制构建与完善

从区域间发展差距持续扩大的趋势看，东部地区与中西部地区之间的区域合作效果并不十分明显，其主要原因在于缺乏有效的区域协作诱导机制。

（一）协作驱动机制

东部与中西部地区良性互动格局的形成，需要在政府政策助推力的引导下，充分发挥企业主体作用和市场机制的诱导作用，形成政府助推力、企业主推力、市场机制诱导力三位一体的协作驱动机制。

东部地区与中西部地区的互动协作，离不开政府部门的政策诱导，但不可能仅凭政府的“一厢情愿”就能有效地促成合作。

（二）协调矛盾机制

随着全球化和区域经济一体化进程的不断加快，在区际利益关系日趋复杂的情况下，我国东中西部三大地带的互动合作已是一种必然趋势。

由区际之间的经济与技术交流引发的区际利益冲突在所难免，而建立公平有效的矛盾协调机制则是跨区域合作的重要保障。

（三）利益补偿机制

东中西部地区跨区域合作，涉及资源开发、环境治理、生态保护、基础设施建设和整合跨行政区经济资源等方面的问题。

东部与中西部跨区域协作要想有突破性进展，必须在利益平衡机制上有所突破。只有充分协调好各种利益关系，建立起合理的利益补偿机制，才能为东中西部地区之间建立良性互动的区域协作提供不竭的动力。

（四）人力资源开发机制

新时期东中西区域合作的目标是形成优势互补、良性互动的区域发展宏观格局，从经济与社会的发展前景看，东部发达地区高层次人才丰富，中西部地区一般劳动力资源丰富，这种人力资源发育程度的差异性格局，不是单一领域的互通有无，是大区域之间经济与社会发展全方位的对接。

因此，东部地区与中西部地区之间具备了联合开发人力资源的前提条件；东部地区与中西部地区所面对的未来人力资源供需矛盾的互补性，决定了建立跨区域人力资源开发机制的必要性和现实性。

第四节 社会服务均等化前提下的区域经济发展战略

自改革开放以来，我国地区之间的发展差距持续加大，区域可持续发展呈现出一定的不确定性。从 2000 年开始，国家先后出台了一系列旨在控制地区发展差距的区域政策，但仍没有从根本上改变地区差距扩大的趋势。广义的地区差距，包括经济发展差距和社会发展差距两个层面。

在东部沿海地区产业与要素的集聚潜力还没有得到充分释放的背景下，想尽快解决地区之间经济发展水平的差距，难度非常大，不具有现实的操作性。主要原因在于市场机制对国家缩小区域经济发展差距的政策往往形成“对冲”效应，导致政策的实施效果受到“侵蚀”。

相比之下，解决区域之间的社会发展差距，显得更易于操作。因为社会发展差距的缓解以公共资源的合理配置为载体，国家的相关政策供给易于产生直接效应。

缩小地区发展差距是一个复杂的系统工程，其艰巨性、长期性不言而喻。在区域间经济发展差距难以迅速缓解的情况下，将社会均衡发展作为促进区域协调发展的切入点，是明智之举。

社会发展水平首先实现相对均衡，不仅会对地区之间经济发展水平差距形成一定的冲减效应，而且有利于为经济发展差距的根本缓解创设环境和条件。因此，未来区域均衡发展的格局安排与政策设计，应对区域间社会发展水平的均衡予以优先考虑。

一、社会发展差距测度的指标体系与测算方法

对我国地区间社会发展差距的科学认知是制定有效调控方案的前提和基础。为了充分揭示我国区域社会发展差距的演变趋势及实际状态，搜集了 1978 ~ 2012 年的相关时序数据，通过对不同发展背景的回顾，寻找区域社会发展差距的历史脉络和线索。

同时，利用相关数理模型，对我国区域社会发展差距进行定量刻画和解析，以增强分析结论的科学性和适用性。

（一）指标刻画体系

确立的用于衡量社会发展水平差距的区域社会发展差距指标刻画体系包括三个层级，具体内容和框架见图 4 – 3。第二层级包括五类指标，其中基础设施能力、教育资源配置、卫生资源配置、文化资源配置与公共资源配置直接相关，用于表征公共资源配置的区域差异；人口发展质量四个指标，侧重于反映人口发展质量的区域差异。

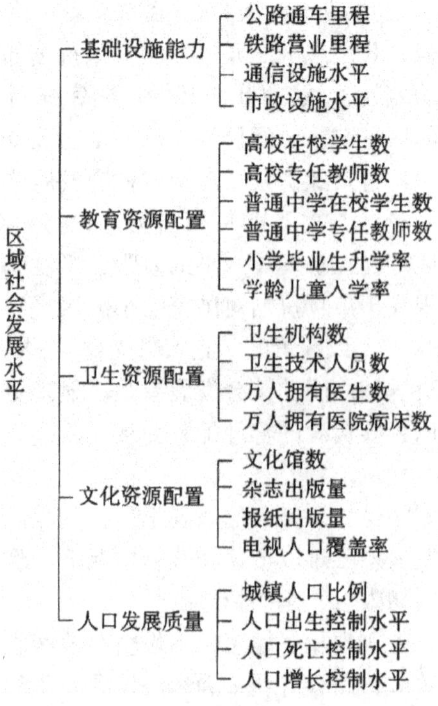

图 4 – 3　区域社会发展差距指标刻画体系

基础设施能力包括四个测度指标，分别为铁路营业里程、公路通车里程、通信设施水平、市政设施水平。前三个指标用来评价支撑区域发展的大型硬件设施的发展状况；第四个指标用来反映与居民生活相关的市政公共设施发展水平。

教育资源配置情况包括六个测度指标，分别为高校在校学生数、高校专任教师数、普通中学在校学生数、普通中学专任教师数、小学毕业生升学率、学龄儿童入学率。这六个指标基本上可以反映出我国在不同层次教育阶段教育资源配置的区域差距。

卫生资源配置包括四个测度指标，分别为卫生机构数、卫生技术人员数、万人拥有医生数、万人拥有医院病床数。这四个指标基本覆盖了我国卫生资源配置的主要领域，可以比较翔实地反映出我国公共卫生资源配置的区域差距。

文化资源配置包括四个测度指标，分别为文化馆数、杂志出版数、报纸出版数、电视人口覆盖率。这四个指标所对应的文化设施和机构，是表征我国文化资源配置的主要载体。通过对这四个指标的综合测评，能够反映出我国文化资源配置区域差距的真实面貌。

人口发展质量包括四个测度指标，分别为城镇人口比例、人口出生控制水平、人口死亡控制水平、人口增长控制水平，用于揭示我国城乡居民基本生存状态的区域差异。

（二）测算方法

我们选取泰尔指数（Theil index）作为区域间社会发展差距的测算模型。泰尔指数是西方经济学用来衡量收入分布公平性的一种方法，主要通过考察人口和其相应的收入是否匹配来判断资源分布的公平性。

一般认为，当每一个人所拥有的收入或占有的资源都是一样时，此时收入分布或资源配置是绝对公平的，而当部分人群占有比其人口比例更高的收入或资源时，就会产生收入或资源配置的不公平现象。从统计学上看，这部分人群所占有的收入、资源偏离了平均值，引起了不公平现象。如果每个人获得完全相同份额的收入与资源，就意味着每个人的份额与均值的差值为0；如果每个人的份额不一样，则可以通过测算个体与均值的差异大小来计算不公平系数，偏值的均数越大，表明越不公平。当泰尔指数值为1时，表明社会的收入分配与资源的配置处于最不公平的状态；当泰尔指数接近0时，表明社会的收入分配与资源配置格局已实现公平。其计算公式和方法如下。

$T = W_1 \left[\log\left(W_1/N_1\right)\right] + W_2 \left[\log\left(W_2/N2\right)\right] + \cdots + W_1 \left[\log\left(W_i/\right.\right.$

N_i)]

其中，W_i 为第一组人群某一测试指标的占有份额占该指标总量的比例；W_1 为第一组人群总人口数占全体人口总数的比例；W_2 为第二组人群某一测试指标的占有份额占该指标总量的比例；N_2 为第二组人群总人口全体人口总数的比例；W_i 为第 i 组人群某一测试指标的占有份额占该指标总量的比例；N_i 为第 i 组人群总人口数占全体人口总数的比例。

从泰尔指数的计算公式中可以看出，当各组所占的收入或资源比例和人口比例相同时，T 的值为 0，表示绝对公平。当组中所占收入比例大于其人口比例时，W_i/N_i 的值大于 1，取对数后变为正数，表明这组人群对泰尔指数的贡献为正值；而当组中所占收入或资源比例小于人口比例时，W_i/N_i 的值小于 1，取对数后变为负数，表明这组人群对泰尔指数的贡献为负值。T 值的最终大小，取决于这两组人群一正一负的综合结果。

泰尔指数的最大优点在于它所代表的公平性可以进行分解，求出不同层次、不同组别的公平性。其缺点在于对整体的公平性反映有时明显失真。针对这种现象，本章主要利用泰尔指数所代表的公平性的分解功能，在考察公共资源配置的整体公平性过程中对泰尔系数进行必要的修正，以各分解指数的绝对值计算泰尔指数的总体数值。

二、社会发展差距演变趋势与区域格局

根据上述指标体系及测算模型，通过对我国 1978 年以来的区域社会发展数据进行整理，总结和概括我国社会发展差距演变的总体特征。

为了更翔实地揭示我国地区社会发展差距的演变过程，我们对指标体系中各个指标表征的社会发展水平分量进行了深入的细化研究，以便对我国地区社会发展差距的演变动态及其区域格局形成更为清晰的判断。

（一）总体特征

根据确定的指标体系，我们将 1978 ~2012 年社会发展状况评价数据按东部、中部、西部三大地域单元进行分类统计，并将其导入数理评价模型，计算出我国东部、中部、西部地区社会发展差距的时序数据。

根据 1978 ~2012 年我国不同区域社会发展差距年度变化趋势的计算结果，揭示出我国社会发展水平的区域差距及其演变动态呈现以下三个方面的特征。

1. 地区之间社会发展差距

从五个评价领域泰尔指数数值变化及其贡献份额的区域分布情况可以

看出，我国社会发展水平的区域差距或不公平性十分明显。尽管泰尔指数对资源配置的公平性没有明确标准，但根据相关经验，其赋值如达到0.5左右的水平，即表明资源配置的不公平性已相对突出。

在所选取的五个评价领域中，西部地区泰尔指数的贡献份额一直是负值，东部地区则始终占据最大的贡献份额。这种情况表明，相对于东部地区而言，西部地区的社会发展水平长期以来没有得到实质性改进。

各地区社会发展水平的差距可以通过综合能力指数（图4－4）得到更为直观地反映。1978～2012年我国东部地区社会发展综合能力指数一直处于3以上的水平，中部地区处于0.9左右的相对低位，西部地区则始终处于0.5左右的绝对低位。可见，我国地区之间社会发展的绝对差距是相当明显的。

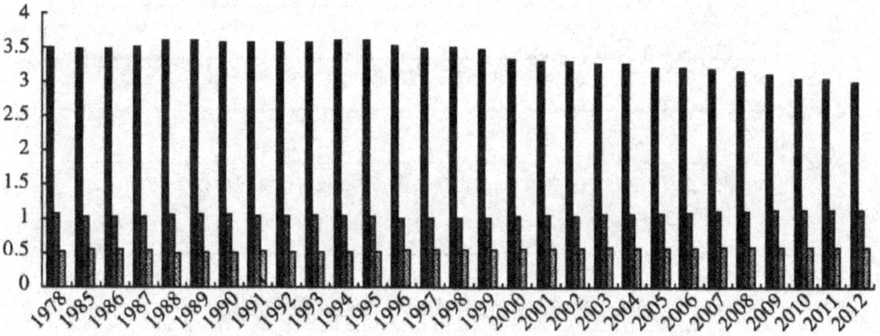

图4－4　1978～2012年社会发展水平综合指数的区域差距

2. *区域社会发展差距*

虽然我国社会发展水平存在明显的区域差距，但这种差距是相对稳定的，并没有随着区域经济差距的扩大而同步扩大。

在1978～2012年期间，我国地区社会发展水平综合泰尔指数、五个评价领域各自的泰尔指数，以及不同区域泰尔指数的贡献份额，总体波动幅度很小，基本上呈现相对稳定的状态。

从不同领域泰尔指数的分布情况看，1978～2012年基础设施的泰尔指数最大波幅为0.06，教育资源配置泰尔指数最大波幅为0.03，卫生资源配置泰尔指数的最大波幅为0.09，文化资源配置泰尔指数的最大波幅为0.12，人口发展状态泰尔指数的最大波幅为0.05。总体波动的幅度相对较小，区域之间社会发展差距基本上没有随着经济发展差距的扩大而同步扩大。

3. 社会发展不同领域

在所选择的五个评价领域中，区域差距水平有较为明显的层次差别。1978～2012 年我国不同领域社会发展水平区域差距演变趋势对比情况如图 4－5 所示。从图 4－5 可见，五个评价领域泰尔指数的演变动态虽然趋势基本一致，但所表征的差异水平或公平程度有着相对明显的差别。这种差距客观上折射出我国公共资源配置更需要对公平性给予关注的优先领域。

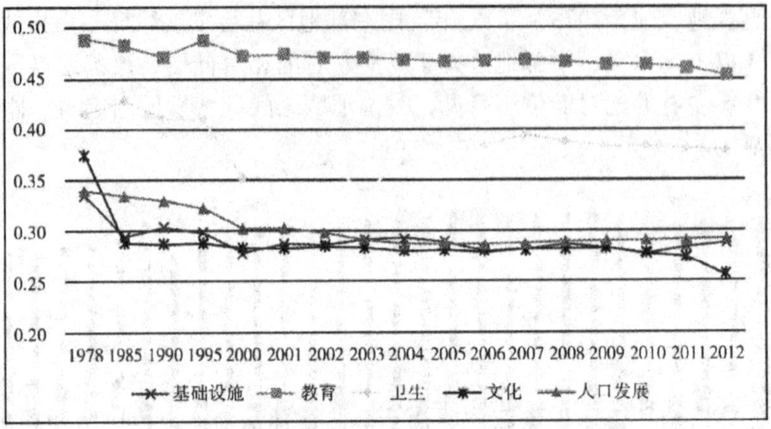

图 4－5　社会发展水平差距演变趋势对比

评价的五个领域中，教育、卫生两个领域资源配置的区域差异相对显著，泰尔指数一般年份均在 0.35 以上，区域之间的不公平性最为突出，是我国社会发展差距体现最为明显的领域。

相比之下，人口发展质量、基础设施配置和文化配置状态的区域差距要明显小于上述两个领域，而且从 20 世纪 90 年代中后期开始，文化配置、基础设置配置与人口发展质量的区域差距有所减小，但与真正意义的区际公平还有很大差距。

一般而言，基础设施、教育、卫生发展状况与居民生活关系更为密切，是不同区域的居民是否享受到均等化社会服务最为直接的展示领域，也应该是国家未来公共资源配置宏观调控的重点环节。

（二）不同领域社会发展差距演变趋势

1. 基础设施

区域基础设施能力差距主要从铁路网络、公路网络、通信能力、市政设施水平四个方面来考察。

前三类指标主要用于评价具有区际意义的基础设施发展状况；市政设施水平指标评价与居民生活密切相关的区域性公共设施的发展水平，具体用基本建设投资规模进行评价。

虽然地方基本建设投资包括很多内容，但市政设施建设是基本建设投资投向的重要领域。因此，地区市政设施的发展水平可以用其基本建设投资规模进行反映。

1978～2012 年我国基础设施水平区域差距演变情况如图 4－6 所示。在反映基础设施水平的四个指标中，通信设施配置的区域差异最大，区域之间的不公平性最为突出，市政设施水平的区域差异次之；交通设施区域配置的公平性要明显高于上述两个领域。

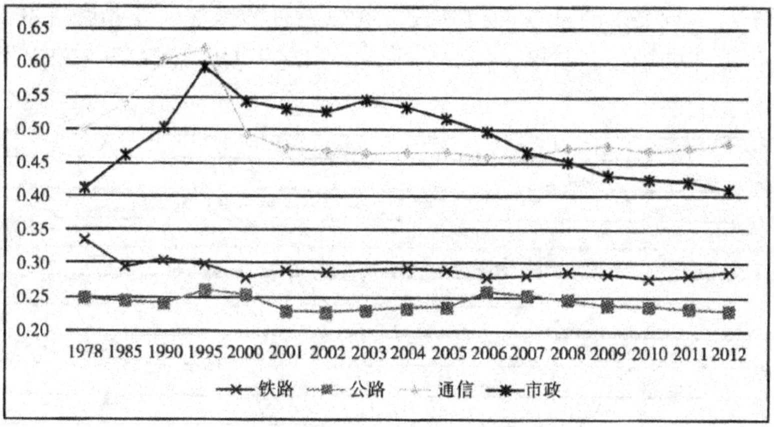

图 4－6　基础设施水平差距演变趋势

从演变动态来看，我国交通基础设施的泰尔指数演变轨迹最为平稳。在 20 世纪 90 年代中期以前，我国交通基础设施配置的区域差距基本没有变化；20 世纪 90 年代中期以后，交通基础设施配置的区域差距呈现出略有下降的趋势。

市政设施与通信设施配置的区域差距则有较大的变动。在 20 世纪 90 年代中期以前，我国通信设施配置的泰尔指数逐年扩大，90 年代中后期以后，呈现先扬后抑演进轨迹。市政设施水平区域差距的演变动态相对复杂，但地区差距扩大是其主要趋势，90 年代中期以后，差距扩大的趋势虽得到控制，但差距缩小的趋势尚未形成。

2. 教育资源配置

对教育资源配置的区域差距共设有六个评价测度指标，分别对我国高等教育、中等教育、初级教育三个领域的资源配置情况进行评估。1978～2012年我国教育资源配置区域差距演变情况见图4－7。

从图4－7显示的泰尔指数演变趋势可见，我国教育资源配置在地区之间存在明显差距，而且这种差距在结构上也存在着明显的不平衡性。总体上看，我国教育资源的综合泰尔指数年均值在0.40以上，地区之间的不公平性非常突出。

在所评价的三个领域中，我国高等教育资源配置的区域差距一直居高不下，区域差距指数在0.45以上，是教育资源配置、教育机会获取不平衡性最为突出的领域；中等教育资源配置的区域差距始终维持在比较高的水平，年均区域差距指数在0.40以上，是教育资源配置、教育机会获取不平衡性比较突出的领域；初等教育资源配置的区域差距指数在0.35左右，虽然亦处于较高水平，但其公平性的实现程度明显好于高等教育、中等教育。

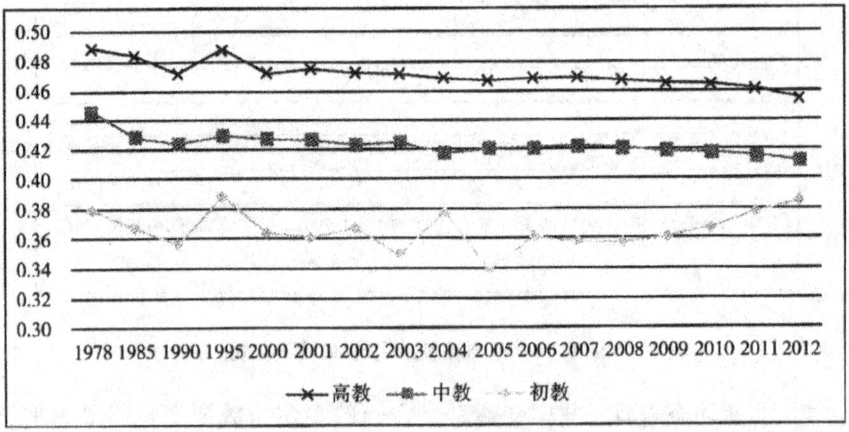

图4－7　教育资源配置差距演变趋势

3. 卫生资源配置

卫生资源配置的区域差距共设有四个评价测度指标，分别从卫生机构设施及人员配置总量和人均水平的角度，对我国卫生资源配置的区域差距进行评估。1978～2012年我国卫生资源配置区域差距演变情况见图4－8。

从图4－8显示的泰尔指数演变趋势可见，我国卫生资源配置在地区之间存在明显差距，而且从改革开放以来，卫生资源配置的区域差距基本上没有得到改进。

总体上看，除卫生机构指标外，我国其他卫生资源区域配置的泰尔指数年均值在0.45左右，地区之间的不公平性非常突出。

20世纪90年代中期以后，我国卫生资源配置虽有所调整，但力度很小，对区域差距的改进没有实际意义。尽管20世纪90年代中期以后，卫生机构的泰尔指数有较大幅度调整，但是这种现象主要是统计口径变化的结果，不具有区域差距缩小的实际意义。

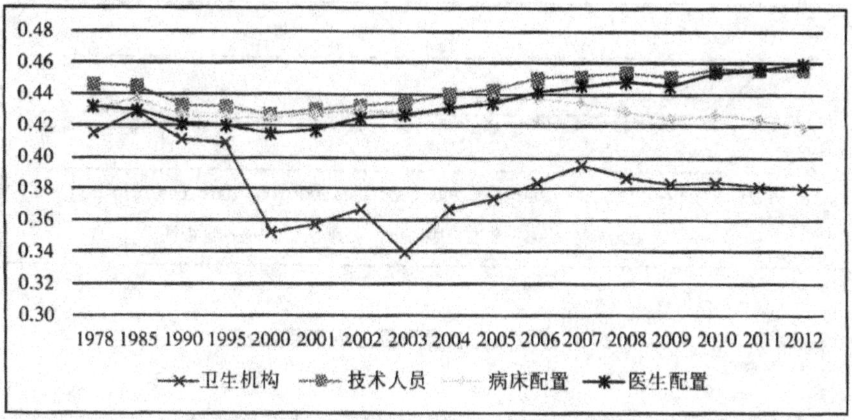

图4－8　卫生资源配置差距演变趋势

具体考察上述四个指标对泰尔指数的区域贡献份额情况，东部地区占的份额最大，而且其在各个年份均是正值，表明东部地区占据着我国大多数卫生资源；相比之下，西部地区占泰尔指数的份额非常小，而且大多数年份均为负值，表明这个区域在卫生资源的获取上一直处于劣势地位。

4. 文化资源配置

文化资源配置的区域差距共设有四个评价测试指标，从文化机构、杂志出版、报纸出版、电视网络四个角度，来考察文化资源区域配置的演变动态。1978～2012年我国文化资源配置区域差距演变情况见图4－9。

从图4－9显示的泰尔指数演变趋势可见，我国文化资源配置的区域差距分化现象比较明显，而且从改革开放以来，我国文化资源配置的区域差距鲜有波动，演变趋势比较稳定。在四个评价领域中，电视网络和文化机构指标的泰尔指数处于绝对低位，平均指数在0.30左右，资源配置基本实现了区域公平；杂志出版、报纸出版指标的泰尔指数年均值在0.60左右，地区之间的不公平性非常突出。

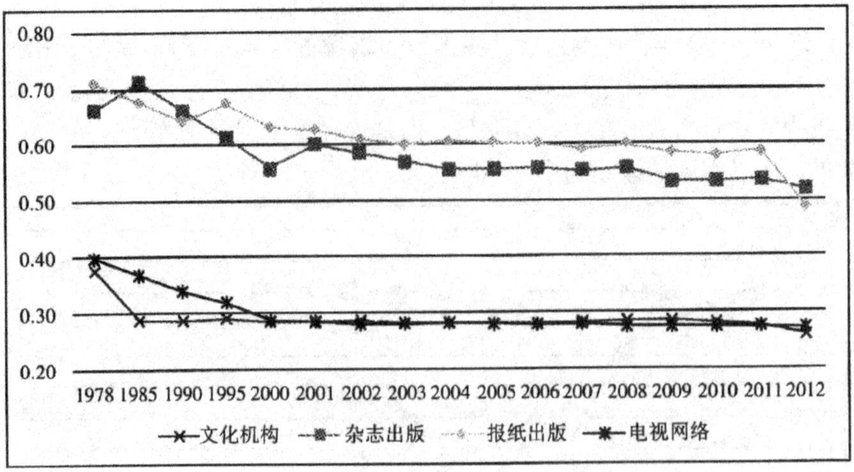

图4－9　文化资源配置差距演变趋势

具体考察上述四个指标泰尔指数的区域贡献份额情况，东部地区的贡献份额最大，而且各个年份均是正值，表明我国目前大多数文化资源配置在东部地区；相比之下，西部地区占泰尔指数的份额非常小，而且大多数年份均为负值，表明西部地区在文化资源的获取方面一直处于劣势地位；中部地区泰尔指数份额较低，但多数年份为正值，表明其文化资源的获取机会虽远不如东部地区，但比西部地区有优势。

5. 人口发展质量

人口发展质量的区域差距共设有四个评价测度指标，分别从城市化水平、出生控制、死亡控制、增长控制四个角度，考察区域之间人口发展动态的对比情况。1978—2012 年我国人口发展状态区域差距演变情况见图4－10。

从图 4－10 显示的泰尔指数演变趋势可知，我国人口发展质量的区域差距不如上述四个领域突出，是我国社会发展差距相对较小的领域。同时，我们所评价的四个指标之间的分化现象也不如上述四个领域明显。

总体上看，除增长控制指标泰尔指数演变趋势有所变化外，其他三个指标的泰尔指数演变动态鲜有波动，演变趋势比较稳定。在四个评价指标中，城市化水平的泰尔指数在 0.30 以上，处于相对高位；死亡控制指数在 0.25 左右，表明这个指标的区域差距比较突出。

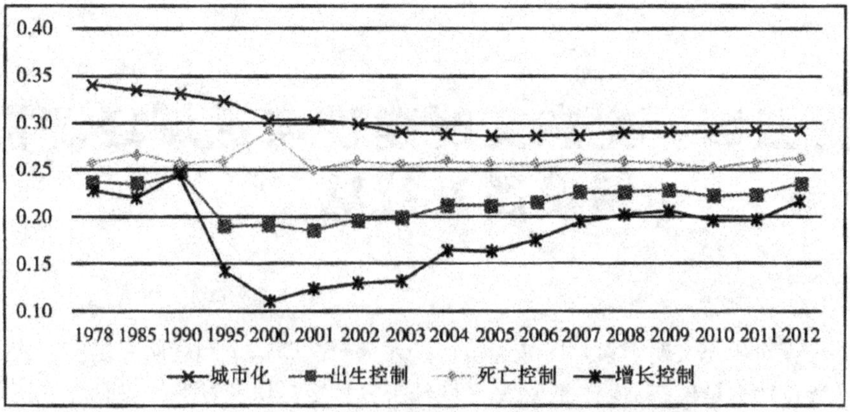

图 4-10　人口发展状态差距演变趋势

从泰尔指数的区域贡献份额来看，东部地区的贡献份额最大，中部地区次之，西部地区最小，基本趋势与前四个领域的情况大同小异。

第五章　生态文明建设与区域经济协调发展及战略

在对生态文明建设与区域经济协调发展及战略这个问题研究之前，先要弄清楚什么是生态文明，什么是区域经济，什么是协调发展，只有在弄清楚了它们的含义之后，才能对生态文明建设与区域经济之间进行协调发展这个问题以及其战略进行研究。本章的第一节是生态文明的区域经济协调发展概念与内容；第二节是生态文明的区域经济协调发展理论与战略构建；第三节是区域经济范围内工业发展与社会综合利益的协调发展；第四节是生态文明的区域经济协调发展政策。如下是对这四方面的内容展开详细的论述。

第一节　生态文明的区域经济协调发展概念与内容

本节内容是将题目进行了解剖，对各个关键词以及它们之间的关系，也就是生态文明、区域经济、协调发展、区域经济协调发展、战略研究和研究定位进行详细的阐述。

一、核心概念与研究定位

“生态文明建设与区域经济协调发展战略研究”是国家社会科学基金公开招标的一个项目，为了对此项目有更好的理解，接下来围绕“生态文明”“区域经济”“协调发展”“区域经济协调发展”“战略研究”“研究定位”展开详细的论述。

（一）生态文明

1. 提出

提到生态文明，一定会想到人类，人与生态的关系经历了“人不敌天”—“天人合一”—“人定胜天”这个变化的过程。在对工业文明进行反思的时候提出了生态文明。在人类与自然相处的过程中，人类认为自身的能力在于自然之上，就开始对大自然中的自然资源无限的索取，肆意的破坏，使得自然资源和生态环境不断地恶化，当然了自然资源也不是任由人类随意地践踏的，就开始给人类以报复和惩罚。尤其是20世纪以后，由于人类在之前对大自然的种种破坏的行为，导致生态环境受到了严重的破坏，现在遭到严重破坏的生态环境开始给人类的生存与发展造成严重的威胁了。全球都出现生态环境的危机了，由于人类对能源的无节制的开采导致有限的能源出现红色信号；由于人类既对森林乱砍滥伐也不种植新的树木导致树木越来越少了，土地也开始退化，出现大面积的荒漠化；人类对于世界上有限的淡水资源的肆意浪费使得现有的淡水资源越来越少；由于人类大量使用一些化学物质使得下酸雨的次数越来越多，导致全球变暖的温室效应也开始出现；还由于人类对海洋生物无节制的乱捕以及在乱捕的过程中对海洋植被造成一定的伤害，最终使得海洋资源遭到破坏；像洪水、干旱等之类的自然灾害也越来越多。

随着越来越多自然灾害的出现，人类也已经认识到关于传统工业的文明是不可以再这样下去了。王正平于2007年对传统工业做了一些研究，研究认为，这种把物质放在第一位，只关注经济上的投入、产出而不管不顾生态环境的可持续性的理念，是一种片面的、不科学的发展理念，是一种“天人对立”“人定胜天”的错误思想。于是，生态文明的思想就这样产生了。

人类建构生态文明的纲领性文件是《我们共同的未来》，这份文件是在1987年由世界环境与发展委员会共同发布的一份研究报告。这个报告对20世纪人类面临的三大主题，也就是和平、发展和环境三者之间的内在联系做了全面而又详细的论述，并且把和平、发展和环境作为人类可持续发展的内在目标来追求。

人类建构生态文明的一座重要里程碑是《21世纪议程》和《里约环境与发展宣言》，这两份文件是1992年在巴西里约热内卢召开的联合国环境与发展大会通过的。《21世纪议程》和《里约环境与发展宣言》不仅使可持续发展思想在全球范围内得到了最广泛和最高级别的承诺，而且还使得可持续发展思想由理论变成各国的行动纲领，为生态文明建设提供了重要的制度保障。

《中国21世纪议程》是人类为了促进经济、社会、资源、环境以及人口、教育相互协调、可持续发展而颁布的。这份文件是在1994年根据联合国环境与发展大会的精神，也根据中国现实的情况，由中国之低昂的一份文件。

在“九五”计划中第一次把可持续发展战略和科教兴国战略一起作为国家的两项基本战略。在“十五”计划中既提出了可持续发展各领域的阶段性的详细目标又制订了环境保护与生态建设的专项计划。“坚持以人为本，树立全面、协调、可持续的发展观，促进经济社会和人的全面发展”。这是2003年在党的十六届三中全会提出的科学发展观。在党的十六届四中全会中既提出了“和谐社会”理念，也把“资源利用效率显著提高，生态环境明显好转”当作构建社会主义和谐社会的重要目标。在“十一五”规划中既对建设资源节约型和环境友好型社会做出了强调，也第一次把节能减排当作约束性指标纳入规划。2007年党的十七大又明确提出新的战略任务，也就是“建设生态文明”，这样一来就把我国对生态文明的认识提高到一个新的高度。“十二五”规划把生态文明建设的理论进一步系统化，也就是说尽快建好既对资源节约又对环境友好的社会，把生态文明的水平提高上去，对于全球气候的变化我们要积极面对，对于那些可以循环经济要提倡大规模的发展，对于资源的节约和资源的管理一定要加强，对于环境保护力度也一定要加强，对于生态要加强保护，对于那些可以起到防灾减灾作用的体系要尽快建设，从而使得可持续发展能力比之前变得强大了。

一种全新的文明形态构想——生态文明，与以往传统的工业文明相比较，有四个方面截然不同。

（1）在生产方式方面，传统的工业文明追求的仅仅是经济增长，作为衡量社会福利的唯一标志是GDP；而生态文明追求的是经济社会与环境的协调发展。

（2）在生活方式方面，传统的工业文明的质量是低层次需要的满足，消费是过度的；而生态文明提倡的生活质量不是低层次需要的满足，消费是可持续的。

（3）在社会价值方面，传统的工业文明的追求是人是一切的中心，在环境之上；而生态文明追求的是人与自然关系的平衡。

（4）在社会结构方面，生态文明努力实现更高程度的民主，强调包括环境正义在内的社会正义，并保障多样性。

生态文明从极端人类中心主义的价值观中走出来了，从文明重建的高度重新确立了人与自然的关系，而人类一种新的存在方式就是人与自然的协调发展。刘爱军于2007年对生态文明做了一系列的研究，研究认为，根据人类文明的不断变化的过程来看，之前是在农业上依靠“黄色土地”，现在已经不再依靠“黄色土地”了，也马上从在工业上依靠“黑色石油”

的时代走出来了，现在正在“绿色生态”的生态文明的门槛前站着，即将进入一个崭新的生态文明时代，正在追求人与自然“天人和谐”的境界，这是历史的必然选择。

2. 内涵

生态文明显而易见的是由生态和文明这两个概念构成了一个复合概念。想要知道生态文明这个复合概念的内涵，我们先要知道构成生态文明的两个词——生态和文明它们的内涵。“生态”这个词是来源于古希腊语，刚开始的意思指的是房屋、家庭，一直到19世纪中叶才有了现代科学意义，“生态”现在的意思主要是指自然界诸主体、诸系统之间交错复杂的关系。而在中国古代典籍中就有“文明”这个词的记载，如唐代孔颖达注疏《尚书》的时候把“文明”的意思理解为：经天纬地曰文，照临四方曰明。“经天纬地”的意思是改造自然，属物质文明；“照临四方”的意思是驱走愚昧，属精神文明。潘岳于2007年对文明做了一些研究，从研究来看，在西方语言体系中，“文明”一词来源于古希腊，最早时候意思是指代“城邦”的。说得简单点就是，所谓的文明，指的就是人类社会的开化程度和整体进步状态。根据人类社会实践活动来说的话，文明的意思就是人类通过改造自然、改造社会和自我改造而形成的结晶。

关于对生态文明的含义界定，我国学术界有不同的看法，大体上可以分为两种，也就是狭义的生态文明和广义的生态文明。接下来围绕这两种理解展开详细的论述。

从狭义上看，生态文明指的是人类特有的对待自然物和自然环境的方式。生态文明跟物质文明、政治文明以及精神文明的地位是一样的，都是一种现实文明形态或者行为准则。根据姬振海于2007年的研究和刘爱军于2007年的研究，生态文明是把工业文明合理继承作为基础，对待自然生态环境的态度是比以往更加的文明更加的理智，对生态效益要重视经济发展，对于良好的生态环境要努力保护和努力建设，从而可以使得人与自然的关系得到改善。它强调以人与自然协调发展作为人类社会的一个基本行为准则，并以此衡量人类在处理与自然关系时所达到的文明程度。

从广义上看，生态文明指的是人类社会在经历“人不敌天”“天人合一”“人定胜天”之后的一种新型文明形态，从经济、政治、法律、道德、文化等各个层次对人类社会进行调整和变革做出了强调，使人类社会能够同自然生态系统形成协调共存的关系。这是张慕萍和一些著名的学者于2008年关于生态文明的研究成果。

奉行生态文明的学者对广义的生态文明概念喜欢的更多一些，指出了工业文明的很多弊端，其中一些极端者对于工业文明的成就全部都不认可，认为工业文明没有什么成果值得我们去继承；而那些奉行科学的学者对狭义的生态文明更倾向一些，也指出了工业文明的很多优点，其中的一些极端者对于工业文明的成就全部都要认可和接受意见继承。对于上述的那些不管是奉行生态文明的学者还是奉行科学的学者的观点，都是不客观的，不理智的。对于生态文明其最公正的理解就是，对于工业文明产生的所有好的成果一定要认可和解释并且继承，与此同时对那些由工业文明产生的那些不好的成果一定要克服，生态文明说白了就是对工业文明产生的那些成果取其精华去其糟粕。

沈满洪于2010年对生态文明做了一些研究。他认为生态文明就是指为了实现经济社会的可持续发展，人类在经济社会活动中，遵循自然发展规律、经济发展规律、社会发展规律、人的发展规律，积极改善和优化人与自然、人与人、人与社会之间的关系中所做的全部努力和所取得的全部成果。生态文明建设为了维护人类赖以生存发展的生态平衡而把尊重自然作为出发点；用现在的方法就是通过科技创新和制度创新来建立可持续的生产方式和消费方式；生态文明的最终目标就是建立人与自然、人与人、人与社会的和谐共生秩序。需要特别强调的是，“人与自然”与“人与社会”以及“人与人”三者中的“人”的意思是不一样的，“人与自然”中的“人”指的是一个群体，也就是人类社会；“人与社会”中的“人”指的是个体，也就是人的个体；“人与人”中的“人”指的既不是一个群体也不是一个个体，而是人的统称，也就是指个体的人和群体的人以及代际的人三个层次的人的总称，即主体的人与客体的人的总称。

（二）区域经济

根据区域经济学理论来看，区域经济是在一定的经济区域之上建立的。高洪深于2002年对经济区域做了一些研究，他认为，所谓的经济区域，指的就是一种经济社会综合体，其产生的原因是由人的经济活动引起的，其存在是以经济为中心，具有一定的地域性并且也是不可以将其进行分割的。

经济区域具有一些特点，详情如下。

（1）经济区域是人在经过一些经济活动后而形成的产物，也就是说如果没有人的经济活动就没有所谓的经济区域，即人的经济活动是构成经济区域的基础。

（2）并不是所有的经济区域的等级都是一样的，不同的经济区域其所处于的等级也是不一样的。

根根区间经济的组成成分不一样，把区域经济分为三个等级。

①像中国长江三角洲经济区这样一类的经济区域，统统将其叫作国内的经济区域。

②像欧盟经济区这样一类由几个国家构成的已经超出了国家界限的经济区域，统统将其叫作世界经济区域。

③像湄公河流域经济区域这样一类由几个国家部分地区共同构成的经济区域，统统将其叫作（地方）经济区域。

如果没有特殊说明，一般情况下，经济区域就指的是在一个国家经过不同的划分而形成的经济区。

（3）根据陈秀山和张可云于2003年关于经济区域的研究，经济区域不能够被无限划分的，其原因是：只有遵守“同质性标准”和“功能性标准”才可以划分经济区域。

（4）经济区域不是固定不变的，也就是说如果划分经济区域的标准发生变化了，可以调整经济区域；如果区域物质的结构发生变化了，也可以对经济区域进行调整。

与经济区域的概念相对应，所谓的区域经济，指的是一个关于生产和消费综合体，它是在一定区域内经济发展中通过其内部因素与外部条件相互作用产生的。任何一个区域的经济发展既要受到自然条件的制约，也要受到经济条件的制约，还要受到公共政策、社会条件、技术条件等条件的制约。区域经济是一种经济发展的地理概念，具有很强的综合性。它反映区域性的资源开发和利用的现状及其问题，尤其是指矿物资源、土地资源、人力资源和生物资源的合理利用程度，主要表现在地区生产力布局的科学性和经济效益上。判断区域经济的成效是好还是坏，不能单单把在经济上的指标作为评判标准，还要看经济效益和社会效益及生态效益等所构成的综合效益。一般情况下，区域内的经济发展问题是区域经济学重点研究的内容，将其余的区域作为外部条件。由于区域和区域之间存在着密切的商品和要素的交流，因此，区域经济发展必须考虑区域间的经济发展问题。这样一来就需要运用系统分析方法，把区域内和区域间之间的发展问题进行综合的来看。因此，接下来不光区域内部的问题是我们要考察的内容，区域之间的问题也是我们要考察的内容。

（三）协调发展

上述的那些不管是生态文明的内涵，还是区域经济的含义以及经济区域的内涵，都是固定不变的，至少是变化不是太大。然而协调发展的内涵却是随着经济理论和经济实践的发展而不断将其进行深化的，在不同的阶段具有不同的含义，大致上可以分为四个阶段，分别是经济增长观与协调发展阶段、经济发展观与协调发展阶段、可持续发展观与协调发展阶段、科学发展观与协调发展阶段。

1. 经济增长观与协调发展

无论是在古典经济学还是在新古典经济学中，国民财富的增长问题，简单点说就是经济增长问题，一直都是被重点研究的对象。根据熊德平于2009年关于经济增长的研究来看，很多的经济学家都觉得对于我们所生存的整个社会来说，其最大的福利就是每个人追求自身利益最大化的结果，也就是实现经济增长的最大化，而社会福利最大化的状态就是帕累托最佳状态，也就是经济均衡状态。因此，从那以后，我们所说的经济协调发展其实就是经济均衡发展。经济协调发展的决定力量不同、影响因素不同、实现机制不同，导致的政策主张不同，这些使得关于协调经济发展的不同理论形成了一些差别。

2. 经济发展观与协调发展

按照以往的经济增长观来看，它们只对产出的增加有所关心。发展经济学把“增长”和“发展”的差别进行了详细的区分。所谓的“经济增长”，指的是一个国家或地区在一定时期内包括产品和劳务在内的产出的增加，也就是说，经济增长指的是更多的产出和更高的生产能力。而所谓的“经济发展”，指的是随着产出的增加使得经济结构和社会结构及政治结构发生了变化，这些变化包括投入结构、产出结构、产业结构、分配结构、消费结构、科教文卫、公众参与等在内的变化。由此看来经济增长的内涵就显得比较狭窄，是一个对数量比较重视的概念；与经济增长的内涵相比较，经济发展的内涵所牵涉的范围就比较广了，它是一个不光包含数量还包含质量的概念。为了让大家对经济发展的内涵要有更加清楚的理解，我们以一个在成长中的孩子作为比喻对象，经济增长就是快速成长中的孩子的身高的增长和体重增加，经济发展就是快速成长中的孩子伴随着身高的增长和体重增加的同时而出现了知识的增加、涵养的丰富、素质的扩展和能力的提高。因此，经济发展思想中已经包含着“协调”的意思，但是其“协调”的时间主要局限于代内。

3. 可持续发展观与协调发展

传统经济理论有着“重现在，轻将来”的观点，可持续发展观对代际协调做出了特别的强调。挪威前首相布伦特兰夫人主持完成的报告《我们共同的未来》指出："可持续发展是指既满足当代人的需要，又不对后代人满足其需要的能力构成危害的发展。"根据世界环境与发展委员会于1997的观点来看，这个定义有两方面的强调，一方面强调"需要"，指的是当代的需要和后代的需要；另一方面又强调"限制"，指的是代内的限制和代际的限制。然而现实的情况是，可持续发展不单单是指人类自身的发展，还指人类与非人类的共处；这个"人类的发展"也不是仅仅指当代人的发展，而是人类的持续发展；不仅是局部人的发展，而且是整个地球人的全面发展。

4. 科学发展观与协调发展

2003年党的十六届三中全会通过了《中共中央关于完善社会主义市场经济体制若干问题的决定》。决定指出：要"统筹城乡发展、统筹区域发展、统筹经济社会发展、统筹人与自然和谐发展、统筹国内发展和对外开放"，"坚持以人为本，树立全面、协调、可持续的发展观，促进经济社会和人的全面发展"。这是科学发展观最早的系统表述。党的十七大报告对科学发展观进行了更加系统的阐述，指出："科学发展观，第一要义是发展，核心是以人为本，基本要求是全面协调可持续，根本方法是统筹兼顾。"由此可以看出来，社会科技、人口、资源、环境、经济、制度、政策等要素所构成的大系统的整体协调是科学发展观所强调的内容。

总而言之，协调发展指的就是把实现人的全面发展作为根本目标，并且既要遵循自然发展规律也要遵守社会发展规律还要遵守经济发展规律以及人的发展规律，在此基础上，还要通过三大协议，也就是总系统与子系统之间的协调和子系统与子系统的协调以及子系统内部各构成部分之间的协调，让系统和其内部构成部分之间的关系不断朝着社会整体效益（由经济效益、社会效益和生态效益三部分构成）最大化方向演进的过程。

协调发展具有一些基本特征，具体如下。

（1）协调发展的宗旨就是把人作为中心、实现人的全面发展。关于人的全面发展是指作为每个个人的整体的发展而不是指某一方面的发展，是指全体人民的整体发展而不是指某一个的整体发展。

（2）协调发展的基础是既要遵循自然发展规律也要遵循社会发展规律还要遵循经济发展规律和人的发展规律，一旦违背任何一个发展规律就不能使经济协调发展，不仅要遵循上述那些发展规律，还要对那些规律之间的关系有所注意，这样才能更好地使经济协调发展。

（3）协调发展不是指某一部分的协调发展而是整个系统的协调发展，整个系统的协调指的是总系统与子系统的协调和子系统与子系统的协调以及子系统内部各个组成部分之间的协调。

(4) 协调发展的目标不是追求某个效益的最大化而是包括经济效益和社会效益及生态效益在内的综合效益的最大化，如果只是对某一方面追求效益的最大化将会使经济不能够协调的发展。

(5) 协调发展在时空上是一个动态演变的过程，在不同的时空条件下具有不同的表现形式。

(四) 区域经济协调发展

区域经济协调发展也是一个合成概念，所以我们不光可以从区域内部方面来对区域经济协调发展进行研究，也可以从区域之间方面来对区域经济协调发展进行研究。

从区域内部来看，区域内经济发展与社会发展之间的不协调是我国现存的主要问题，经济发展与生态发展之间的不协调也是我国现存的主要问题。

为什么会这样呢？其原因主要有两方面。

(1) 由于区域内经济发展的速度突飞猛进从而使得社会发展相对来说比较落后，也就是说社会变革和社会事业的发展已经远远落后于经济发展了，于是有了“短板效应”的出现，最终使社会发展成为“短板”。由此使得关于社会心态失衡与群体性事件多次发生。例如，随着经济的不断发展，人们的收入水平差距拉大，有些人走向了致富的道路，有些仍然停滞不前处于温饱阶段，开始对于那些收入水平高的人有了“仇富”的心理。

(2) 由于区域经济总量不断得到扩张，而区域生态环境容量却有限，从而使得这一对矛盾暴露了出来。

这对矛盾具体表现主要有三个，具体如下。

①由于在使用资源的时候没有任何的节制，从而使得土地资源和水资源等一些其他自然资源出现不够用的现象。

②由于在开采资源的时候是无限的开采，使用的时候也没有任何节制，从而使得资源开发的总收益与资源开采所引致的环境治理成本不对等，甚至是远远低于开采成本。

③由于在开采资源和使用资源的时候会有大量废弃物以及对环境不好的物质产生，从而使得环境质量出现下降的趋势。

长此以往，区域内有限的环境容量没有办法跟随区域经济的可持续发展的步伐。

从区域之间来看，我国现存一些突出的问题，主要有下列所示的三个。

（1）随着经济的不断发展，本来想着缩小东部地区和中部地区及西部地区三者之间的经济发展水平的差距，而现实的情况就是东部地区和中部地区及西部地区三者之间的经济发展水平的差距呈现出扩大的趋势。为了我国区域经济发展，邓小平于1993年曾经为此提出了“两个大局”的战略构想：“沿海地区要加快对外开放，使这个拥有两亿人口的广大地带较快地先发展起来，从而带动内地更好地发展，这是一个事关大局的问题。内地要顾全这个大局。反过来，发展到一定的时候，又要求沿海拿出更多力量来帮助内地发展，这也是个大局。那时沿海也要服从这个大局。”但现实的情况是由于“两个大局”战略在实施的过程中存在着协调不够的问题，使得东部沿海地区的经济发展得较快、较好，西部地区发展得较慢、较差，这样一来就是经济发展水平的差距拉大了。

（2）自然资源等要素，把西部的天然气运往东部、把北部的煤运往南部，这一系列的大举措也没有使得区域经济发展协调度有任何提高。

（3）由于东部地区经济发展得比较快，对生活质量就有了一定的要求；而西部地区发展得比较慢，就开始慢慢地意识到生态的重要性，这样就出现了关于对待生态方面态度不一样的现象。

因此，为了区域经济能够得到很好的协调发展，我们不仅要关注区域内的协调发展也要关注区域之间的协调发展。区域之间的协调发展就是区域内的人口、资源、环境、经济、社会等各个组成部分之间的相互匹配与协调发展；区域间的协调发展是在区域之间人口、资源、环境、经济、社会各个组成部分的优化配置与协调发展。同样，为了生态文明建设来促使区域经济协调发展，不光要从区域内部来看区域经济协调发展，努力谋求各个组成部分之间的协调与和谐，又要从区域之间来看区域经济协调发展，努力谋求区域之间在资源配置和经济发展中的协调与和谐。

（五）战略研究

“战略”这个词是来源于军事领域的一个概念。战略在军事领域指的就是作战的谋略和战术，目的是在某次具体战争中不光要对敌军与我军的实力进行分析，也要对战地的形势进行分析，对兵力怎样部署也要分析，还要对各种可能出现的情况分析其应变的策略以及要求要达到的某种目的还有进行分析。

根据任浩于2008年关于战略的研究，在管理学中“战略”的意思是这样的：某个组织为了把它的使命或长期目标变成现实，在没有实现之前要与周边的环境不停地作斗争，在这个过程中所采取的决策行为、采用的行动模式或遵循的基本观念就是所谓的战略。

在经济学中“战略”的意思是这样的：经济主体在一定的外部条件下和不确定的环境中，为了实现自身利益的最大化所采取的优化选择、策略部署及其行为模式。

为了能够对战略的概念有更加清楚地理解，我们需要把握住以下四点。

（1）某个微观经济主体既有可能是战略的主体，某个区域政府也有可能是战略的主体，某个国家的中央政府还有可能是战略的主体。如果微观经济主体的企业是战略主题的话，为了企业的发展就需要制订其相应的企业发展战略；如果区域政府是战略主题的话，为了政府的发展就需要制订其相应的区域发展战略，如果中央政府是战略主题的话，为了中央政府的发展就需要制订其相应的国家发展战略。

（2）追求自身利益最大化就是战略的最终目标。对于企业来说，它们的目标就是最大可能地追求利润，对于居民来说他们的目标就是最大可能地追求效用，对于区域政府来说，它们的目标就是最大可能地追求区域社会福利，对于中央政府来说，它们的目标就是追求最大可能的既有经济效益也有社会效益还有生态效益在内的综合效益。

（3）在确定的外部条件和不确定的外部条件的基础上来选择适合的战略。有些外部条件是确定的，如国外的某个国家的领土面积是多少；人口是多少。有些外部条件是不确定的，如国外煤矿资源的现存的状况以及其以后的价格是低还是高等。这个时候需要面对确定的外部环境进行和不确定的外部环境来对总体进行判断，从而可以选出合适的战略。

（4）战略的具体形式是多种多样的。对于企业来说，其战略具体形式可以是把物品降低靠销量赢利，也可以把物品价格抬高；对于区域政府来说，其战略具体形式可以根据其优势将资源进行开发，也可以对其他一些资源进行开发；对于中央政府来说，其战略具体形式可以是人才强国，也可以是把就业放在第一位。

我们不仅可以站在生态文明建设战略的角度去研究生态文明建设与区域经济协调发展战略，也可以站在区域经济发展战略的角度去研究“生态文明建设与区域经济协调发展战略研究”。然而这两种都不是客观的，也不是公正的，只有站在生态文明建设与区域经济发展相互影响的角度去研究生态文明建设与区域经济协调发展战略才是最客观最公正的。

（六）研究定位

对于生态文明建设与区域经济协调发展战略研究来说，站的角度不同其研究的内容也不同，大体看来研究的内容一共有三种，具体如下。

第一种是站在生态文明建设的角度去研究其对区域经济协调发展有促进作用的战略。

第二种是站在区域经济协调发展的角度去研究去对生态文明建设有促进作用的战略。

第三种是既站在生态文明建设的角度去研究其对区域经济协调发展有促进作用的战略，又站在区域经济协调发展的角度去研究其对生态文明建设有促进作用的战略。

既研究以生态文明建设促进区域经济协调发展的战略，又研究以区域经济协调发展促进生态文明建设的战略。

环境污染是生态文明的一种，接下来就以环境污染作为生态文明的代表来说明我国各区域的经济发展与环境污染之间的各种均衡状态，如图5－1所示。

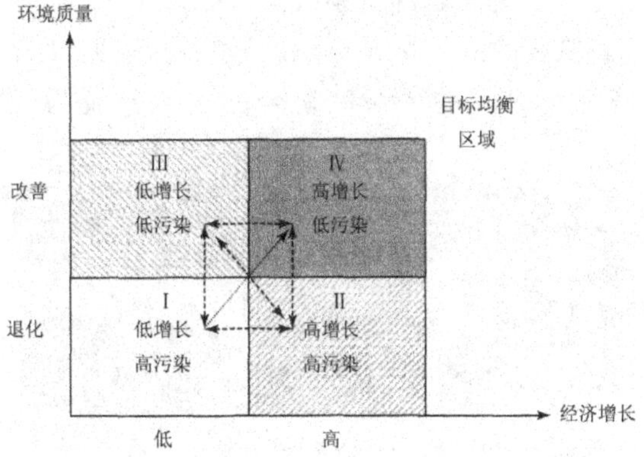

图5－1　不同的环境质量与经济增长的各种组合

由于受不同时期的区域发展战略的影响和生态原本固有属性的一些差异的影响，大致上一共形成四种均衡状态。

位于左下角的Ⅰ区所处的均衡状态是“低增长、高污染”；位于右下角的Ⅱ区所处的均衡状态是“高增长，高污染”；位于左上角Ⅲ区所处的均衡状态是“低增长，低污染”；位于右上角的Ⅳ区所处的均衡状态是“高增长，低污染”。不管是从经济学的意义来看，还是从科学发展观和生态文明观来看，最终的均衡目标都是位于右上角的Ⅳ区的“高增长，低污染”。

第二节 生态文明的区域经济协调发展理论与战略构建

一、生态文明建设与区域经济发展的系统分析

（一）生态文明建设与区域经济发展的系统分析

要想弄清楚生态文明建设和区域经济协调发展之间的内在关系，接下来要做的第一个工作就是了解经济系统与生态系统之间的关系，针对这个问题，我们可以站在两个不同的角度对此进行详细的介绍，也就是简单的生态系统与经济系统之间的关系和复合的生态系统与经济系统之间的关系。

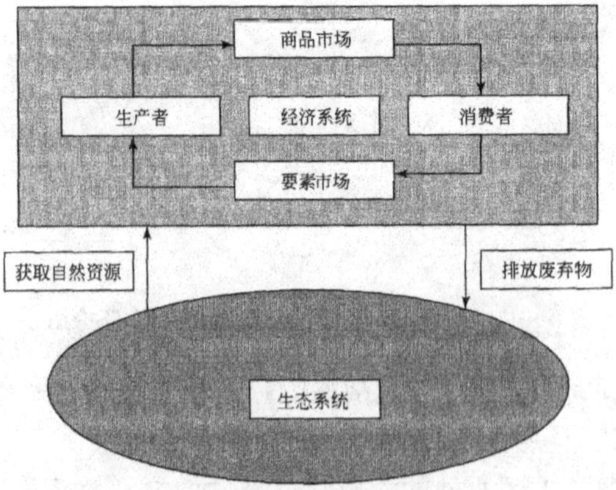

图5－2 简单的生态系统与经济系统之间的关系

如图5－2所示的为简单的生态系统与经济系统之间的关系图。图5－2的上半部分有生产者、消费者、商品市场和要素市场，它们四个一起组成了一个简单的经济系统，也就是商品简单再生产的经济系统。生产者、消费者、商品市场和要素市场四者之间的关系是：要素市场的要素由消费者来提供，而要素市场的要素最后到达生产者那里了；商品市场的商品是生产者提供的，而商品市场的商品最后到达消费者那里了。只要使金融部门增加一些，也就是对其投资的资金多一些，这个时候就可以扩大规

模进行再生产；只需要使政府部门多一些，也就是使财税收入和支出多一些，这个时候就有可能出现市场失灵的现象。

图5－2的下半部分为生态系统。通过图可以看出，生态系统对经济系统的贡献很大，一边帮助经济系统处理废弃的物质，另一边又把自然资源提供给经济系统。

生态文明建设的提出背景是，经济系统越来越膨胀，而生态系统是有限的，有限的生态系统只能提供有限的自然资源和有限的环境容量。经济系统越来越多地向生态系统获取自然资源并向生态系统排放废弃物，由此，导致超越了生态系统的承载能力。就像戴利于2001年所研究的那样：当我们画出包含经济的环境边界，我们就从“空世界”的经济学走向了“满世界”的经济学——从一个经济系统的输入输出没有限制的世界，走向输入输出日益受到退化和污染限制的一个有限环境的世界。

因此，为了处理好生态系统与经济系统之间的关系，我们需要做两个工作。一个是对于经济系统的行为要严格控制，另一个是对于生态系统的平衡要好好保护。其中，对经济系统的严格控制是由生产者和消费者共同完成的：一是对于生产者来说，要做到产业生态化；二是对于消费者来说，要做到消费绿色化。对于生态系统的保护是由企业、居民和政府共同做出不同方面的努力：一方面是在企业、居民与政府共同作用下对于资源一定要节约；另一方面是在企业、居民和政府共同作用下对于生态一定要经济化。

图5－3所示的为复合的生态系统与经济系统之间的关系。由图可以看出，生态文明建设与区域经济协调发展包含了两个维度：一个是在纵向维度上，研究的是生态系统同经济系统之间的关系，也就是说怎样以生态文明为导向，协调经济发展与生态保护之间的关系进行。这样一来你说是国家层面可以，他说是区域子系统层面也可以。另一个是在横向维度上，研究的是区域之间的关系，也就是怎样以生态文明建设作为契机和纽带，把区域间经济发展问题给统筹协调起来，区域间的横向协调问题是重点研究的内容。由于很多个中区域可以组成大区域，而又有很多的小区域可以组成中区域……这样一来的话，复合的生态系统和经济系统之间的关系有很多个层次。

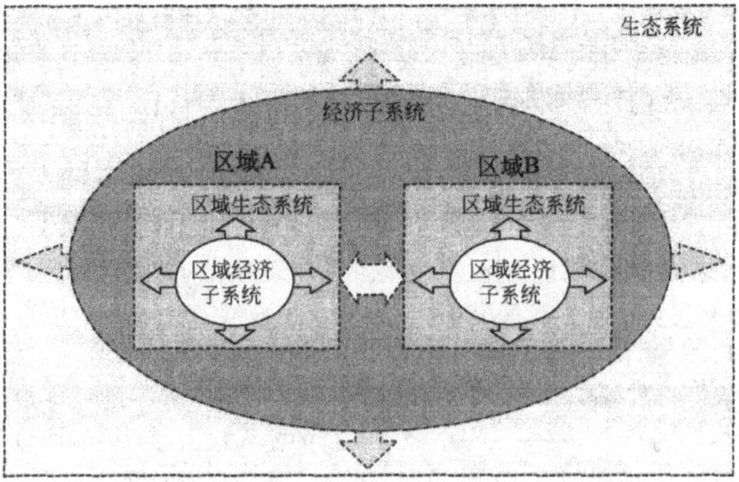

图5-3　复合的生态系统与经济系统之间的关系

只有满足这两个条件生态文明建设与区域经济才可以协调发展起来。也就是：区域经济子系统必须在区域生态系统的约束下；除了自己的区域以外，任何其他区域的生态都不能被区域经济子系统所占领。出发点都是生态文明，归宿都是使经济系统与生态系统进行协调发展，这些都是两个层面的共同点。

（二）生态文明建设的基本要素

从图5-2可以看出，生态文明是由生态产业、生态消费和生态资源以及生态环境四个部分共同组成的，缺一不可。更深一步地想，还可以发现：使得生态系统和经济系统成为对立的局面，其原因不是科技落后就是制度失灵或者是两者的共同作用。因此，对于生态科技和生态制度来说，我一定要依靠它们。对于怎样认识生态系统和经济系统以及生态系统和经济系统之间关系的问题来说，这是一个根本性的问题，这就是所谓的生态文化，也可以叫作生态理念，还可以叫作生态哲学。所以，生态文明由七个基本要素组成，缺一不可，它们是生态文化、生态产业、生态消费、生态环境、生态资源、生态科技和生态制度。由于篇幅有限，不再一一对每个基本要素都做介绍了，只选取生态文化和生态产业这两个基本要素作为代表来对其做出详细的介绍。

1. 生态文化繁荣是生态文明建设的精神支柱

生态文明也就暗示着人类思维方式与价值观念将要发生重大的变化。

一定要把生态文化的繁荣创新作为先导来建设生态文明，来建设中心是人与自然和谐发展理论的生态文化。生态文化既在社会中有所渗透，在经济领域中也有所渗透，在科技领域中也有渗透，在法律领域中也有渗透，还在政治领域和伦理领域中还有所渗透。

2. 生态产业发展是生态文明建设的物质基础

在经济的不断发展的同时给环境造成了一定的破坏，这种情况下就产生了生态产业，与此同时，人类也开始对这样传统生产方式进行了反思，生态产业也是人类反思的结果。以前是仅仅追求经济效益，现在生态文明要求追求经济效益和社会效益及生态效益三者的综合效益，把人类与其他生物的和谐相处作为生态文明的价值来发展生产力。

二、生态文明建设与区域经济协调发展的战略构想

对生态文明建设的七个组成部分（生态文化、生态产业、生态消费、生态环境、生态资源、生态科技和生态制度）以及它们之间的关系进行分析之后，我们就清楚地知道，生态文明建设对区域经济协调发展有促进作用的战略主要有六个，它们分别是产业生态化战略、消费绿色化战略、资源节约化战略、生态经济化战略等目标性战略和生态科技创新战略、生态制度创新等手段性战略。由于篇幅有限，不再一一做介绍，只选取产业生态化和资源节约化这两个战略作为代表详细介绍。

（一）产业生态化战略

关于我国区域经济发展存在着一些突出的矛盾，也就是经济增长快速其容量需要不断扩大，而环境容量却是有限的，还有就是环境容量利用效率相对低下之间的矛盾。那么针对这一矛盾，我们该采取怎样的措施起到缓解的作用甚至是解决这一矛盾呢？从国外很多关于生态文明建设的案例中，我们受到了一些启发：通过实施产业生态化战略，对于产业生态化改造有促进作用。以前的产业活动会对生态环境造成一定的危害，现在对生态环境没有害处还有可能对生态环境有一定的好处，这一转变过程就是所谓的产生生态化。实施产业生态化战略是一个系统工程，必须着力优化产业结构，大力发展循环经济，全力推进节能减排。

（二）资源节约化战略

除了上述的那个关于区域经济发展与环境容量的矛盾以外，还有经济

总量增长快速其容量需要不断扩大，而自然资源的供给却是有限的，还有就是自然资源利用效率相对低下之间的矛盾。怎样形成这个矛盾的呢？无外乎两个原因：一个是人类对自然资源的没有节制的索取，另一个就是向环境排放废弃物，使环境遭到破坏。那么针对这一矛盾，我们该采取怎样的措施起到缓解的作用甚至是解决这一矛盾呢？我们可以从以下两个方面着手：一方面是对自然资源的开采和挖掘要减少，从而可以保护生态环境；另一方面就是在进行工业生产的时候，对自然资源运用来说，能不用就不用，使得排出的废弃物就减少，也就减少了环境污染；对于废弃物的来回循环使用，就是对资源的节约和对资源的保护。所谓的资源节约化，指的就是对自然资源要集约式开发利用，对其资源生产率要提高、对资源投入结构要改善，使资源开发利用不产生任何对生态环境有害的物质，也就相当于保护了生态环境，从而可以保证资源被可持续开发利用。

三、生态文明建设与区域经济发展战略构想的框架结构及研究方法

（一）框架结构

关于生态文明建设与区域经济协调发展的战略构想的框架示意图如5－4所示。

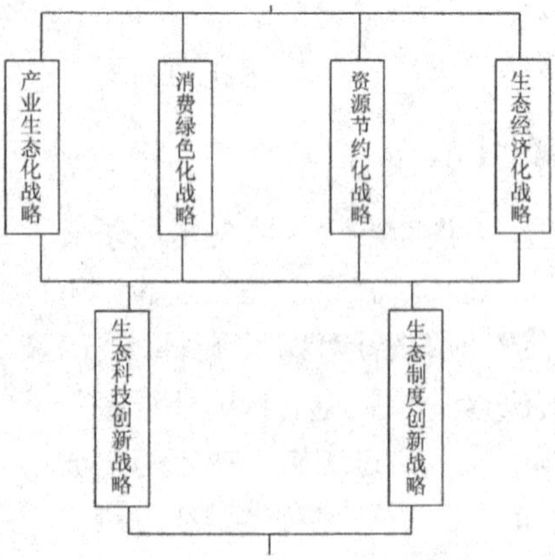

图5－4　框架结构示意图

（二）研究方法

对于生态文明建设与区域经济协调发展的战略构想，是把科学发展观

作为指导，不仅运用区域经济学的理论和方法，也运用生态经济学的理论和方法，还运用产业经济学的理论和方法、消费经济学的理论和方法、发展经济学的理论和方法、技术管理学的理论和方法、制度经济学的理论和方法，对于国内外最新的研究成果，我们要积极吸收与借鉴，在此基础上，我可以采用以下六种分析方法，也就是唯物辩证法、系统分析法、文献分析法、比较分析法和定量分析法以及案例分析法，也可以采用其他有效的方法。由于篇幅有限，不再对每一个分析方法都做介绍了，下面选择唯物辩证法和系统分析法及文献阅读法这三个分析方法作为代表，来对其进行详细的介绍。

1. 唯物辩证法

关于自然、社会和思维的最一般规律的科学就是唯物辩证法，普遍联系的观点和永恒发展的观点是唯物辩证法的基本特征。对生态文明建设与区域经济协调发展战略的研究来说，最高层次的方法论就是用联系的观点、发展的观点看问题。

2. 系统分析法

研究系统的一般模式和一般结构以及一般规律最新兴起的方法就是系统分析法。不管生态文明建设是一个系统工程，区域经济发展也是一个系统工程，生态文明建设对于区域经济的协调发展不仅具有促进的作用，更是一个系统工程，不光关于总系统与子系统的关系也关于甲子系统与乙子系统的关系。根据系统分析法，把四大目标性战略和两大手段性战略给构造出来了；根据系统分析法，把区域内产业生态化和区域间产业生态化的基本思路给提了出来；根据系统分析法，把分层次的综合评价指标体系和单个的评价指标体系给构建了出来。

3. 文献分析法

要想对工作的起点和基础进行研究，就要对文献进行阅读。至于文献阅读和文献分析的意义就是，查阅了文献之后，对你所要研究的某个领域的研究状况以及存在不足的地方进行了解之后，就可以把前人的研究作为基础，再把这个理论往更深一步研究。关于生态文明建设与区域经济协调发展战略研究的直接相关文献不是太多，但是，与该选题有所关联的专题文献却非常多。

第三节　区域经济范围内工业发展与社会综合利益的协调发展

本节主要围绕“区域经济范围内工业发展与社会综合利益的协调发展”来进行论述，其内容包括区域产业布局协调与区域利益协调。

一、区域产业布局协调

（一）污染转移与工业区域布局变化的关系

1. 全国污染物排放转移变化情况

经过长时间的研究与分析，我们发现东部地区的北京、山东两地所有污染物排放占全国污染物排放的比重都降低了，天津、上海有五种污染物排放比重降低，河北、浙江、海南有四种污染物排放比重降低，仅福建、广东污染物排放比重降低不明显。从中部地区来看，湖北各污染物排放比重有明显降低，河南、湖南有三种污染物排放比重降低，其他三省份大部分的污染物排放比重都有升高。西部地区除四川、贵州、甘肃污染物排放比重有明显降低，其余大部分省份的污染物排放比重都有较大程度升高，特别是山西、重庆、陕西、青海、宁夏和新疆，污染物排放比重升高幅度十分明显。东北地区的辽宁和吉林各有三种污染物排放比重降低，而黑龙江所有污染物排放占全国污染物排放的比重都有升高，且升高的幅度较大。

2. 全国污染型行业的产业布局变化情况

从全国污染排放转移变化情况可以看出，除固体废弃物排放以外，其他污染排放都有从东部沿海向内陆转移的趋势，其中污染排放向西部转移的程度明显高于中部和东北地区。这一现象产生的原因，我们初步猜想可能在2001～2008年污染型行业的区域布局由东部沿海向内陆地区发生了转移。

（1）污染型行业的确定。相关数据研究表明，以下这些行业属于污染型行业。

①工业废水 COD 类污染型行业[①]。

②工业废水氨氮类污染型行业[②]。

③工业 SO_2类污染型行业[③]。

④工业烟尘类污染型行业[④]。

⑤工业粉尘类污染型行业[⑤]。

⑥工业固体废弃物污染型行业[⑥]。

（2）污染型行业区域布局转移情况。相关数据统计表明，北京、天津、辽宁、吉林、黑龙江、上海、江苏、浙江、湖北、广东、重庆、西藏、陕西、甘肃、新疆的化学需氧量污染型行业占全国的比重下降，其中下降幅度较大的有上海、广东、北京、天津和黑龙江，主要集中在东部地区。化学需氧量污染型行业占全国的比重上升幅度较大的有山东、河北、内蒙古、河南、山西、安徽、湖南和江西，主要集中在中部地区。

对于氨氮类污染型行业来说，北京、天津、辽宁、吉林、黑龙江、上海、江苏、浙江、湖北、广东、广西、贵州、陕西、甘肃、新疆等省份占全国的比重下降，其中下降幅度较大的有上海、北京、广东、浙江和黑龙江，也主要集中在东部地区。比重上升幅度较大的有山东、河北、河南、内蒙古、江西、山西和湖南，明显集中于中部地区。

从 SO_2污染型行业的区域布局转移变化情况来看，北京、天津、辽宁、吉林、黑龙江、上海、福建、湖北、广东、重庆、四川、贵州、西藏、甘肃、青海、宁夏和新疆 SO_2污染型行业占全国的比重都有下降，其中下降幅度较大的有上海、北京、广东、辽宁、黑龙江和天津，主要集中

---

① 包括造纸及纸制品业，农副食品加工业，化学原料及化学制品制造业，纺织业，饮料制造业，食品制造业，黑色金属冶炼及压延加工业，医药制造业，化学纤维制造业，电力、热力的生产和供应业，石油加工、炼焦及核燃料加工，皮革毛皮羽毛（绒）及其制品十二类工业行业。

② 化学原料及化学制品制造业，造纸及纸制品业，农副食品加工业，食品制造业，黑色金属冶炼及压延加工业，纺织业，石油加工、炼焦及核燃料加工业，有色金属冶炼及压延加工业，医药制造业，皮革毛皮羽毛（绒）及其制品业十类工业行业。

③ 包括电力、热力的生产和供应业，非金属矿物制品业，黑色金属冶炼及压延加工业，化学原料及化学制品制造业，有色金属冶炼及压延加工业，石油加工、炼焦及核燃料加工业，造纸及纸制品业七类工业行业。

④ 包括电力、热力的生产和供应业，非金属矿物制品业，黑色金属冶炼及压延加工业，化学原料及化学制品制造业，石油加工、炼焦及核燃料加工业，造纸及纸制品业，有色金属冶炼及压延加工业，农副食品加工业，煤炭开采和洗选业九类工业行业。

⑤ 包括非金属矿物制品业，黑色金属冶炼及压延加工业，石油加工、炼焦及核燃料加工业，有色金属冶炼及压延加工业四类工业行业。

⑥ 包括煤炭开采和洗选业，有色金属矿采选业，黑色金属矿采选业，黑色金属冶炼及压延加工业，非金属矿物制品业，石油加工、炼焦及核燃料加工业，电力、热力的生产和供应业，化学原料及化学制品制造业，有色金属冶炼及压延加工业九类工业行业。

于东部和东北地区。比重上升幅度较大的包括有山东、河北、河南、内蒙古、江西、江苏、浙江和山西，主要集中在东部和中部的部分地区。

总体来看，北京、上海、广东、辽宁、黑龙江的各类污染型行业占全国的比重几乎都有较大幅度的下降，而上升幅度较大的都主要集中于山东、河北、山西、内蒙古、河南和江西等省份，就西部大部分省份而言，虽然污染型行业的比重也都上升，但上升幅度相对较小。

（二）环境规制与工业区域布局的“污染天堂”效应

当前，世界各国越来越重视对环境的保护，为进一步提升环境质量，大多数国家逐渐强化本国的环境规制力度，特别是针对工业污染排放采取了比以前更为严厉的规制，以减少污染排放，改善环境。然而，各国各地区的环境规制强度不一，这是否会对工业的布局产生影响？也就是说，工业是否会从环境规制强的国家或地区向环境规制弱的国家或地区转移，这一问题成为近年来区域经济学、环境经济学、国际贸易等研究的热点。

虽然国内环境规制强度统一遵循国家标准，但中西部地区在承接东部产业转移的具体操作过程，为了吸引更多的产业，可能会在实际产业环境规制强度上有所放松。

目前，沿海发达省份在环境污染规制方面取得了显著的成绩，这与其经济发展水平、产业结构及对环境改善的需求密切相关；而中西部大多数省份仍处于经济发展水平的初期和中期，严峻现实使经济增长发展愿望异常强烈①。

因此，环境规制力度较弱的中西部地区，更应重视经济发展与生态环境建设的有机结合，在经济发展的基础上，有选择性地承接东部地区产业转移，结合自身特色优势大力发展生态经济，促进传统产业升级，同时加强对污染排放的监管力度，控制高耗能、高污染行业的过快增长②。

---

① 也就是说，在一定时期内经济发展与环境保护相比，中西部地区对前者的需求显得更为迫切，从而导致其环境规制力度及环境规制的主动性相对较弱。在这种情况下，东部地区一些污染型行业为规避环境治理成本，会倾向于向环境规制力度弱的中西部地区转移，使中西部地区成为东部地区污染密集型产业规避高环境规制的“污染天堂”，从而导致对中西部地区生态环境的破坏。

② 从中央政府层面来看，中央政府应进一步建立健全环境规制力度的监测考评机制，加强对各省份环境规制执行力度的监管，避免各省份环境规制强度的过度分化，从而促使污染型行业通过自身的设备升级和技术进步实现污染排放减少，而不是简单地通过产业转移来规避高环境规制成本。同时，中央政府应加大对中西部地区的环境治理投入和转移支付力度，进一步缩小区域差距，实现生态文明的区域协调发展战略目标。

（三）工业区域布局的生态承载力研究

目前，由于发达地区把污染型行业向欠发达地区转移，导致污染由发达地区向欠发达地区转移。同样，在资源的开发利用过程中，生态破坏在区域之间也存在着明显的间接转移。一个地区使用了大量的生态资源，但其绝大部分资源都可能是靠输入，在这种情况下，输入资源地区的生态系统受到了很好的保护，而输出资源地区的生态系统却承受了巨大的生态压力。

我们根据相关数据并运用基于改进的生态足迹模型，计算并分析了全国各省份的生态盈余（赤字）。结果显示，绝大多数东部沿海地区省份生态承载较好、生态赤字较小，而生态赤字比较严重的省份主要集中在东北和中西部地区①。作者认为，我们的主要结论与这一结论存在差别的原因在于其运用的是消费性生态足迹方法，而我们运用的是间接考虑了区域间资源输入输出的生产性生态足迹方法。

依照全国目前的地域分工来说，资源和能源开发与供给的角色依然是由中西部地区在扮演，虽然东部地区使用的生态资源很多，但其绝大部分生态资源的来源是中西部地区的。在这种情况下，生态破坏明显的转移到了中西部地区，而中西部一些资源输出地区的生态系统所承受的压力在不断地增加，这种生态破坏的恶性循环将严重制约中国的可持续发展与全国区域协调发展，而东部地区的生态系统被很好地保护。因此，生态资源丰富但生态承载力相对较弱的一些中西部省份，一定要正确处理好经济发展与生态保护之间的关系，在推动经济平稳较快发展的同时，进一步加大生态保护力度，确保当地经济社会环境的可持续发展②。

（四）工业区域分布的环境承载力研究

当前制约经济发展、影响社会安定、危害公众健康的一个重要因素是日益严重的环境污染。③ 在生态文明新的时代要求下，有必要针对我国目

① 这一结果与相关专家用消费生态足迹对 2002 年全国各省份生态承载的测算结果不尽相同，他们的分析结论是东部沿海地区的生态赤字较为严重，而内地特别是西部大部分地区的生态承载力为正值，即存在生态盈余。

② 与此同时，中央政府应该尽快明确区域生态利益补偿机制，并对生态承载力较弱的地区实行积极的倾斜政策，加大对这些地区的生态治理投入，推进资源性产品价格税费改革，缩小区域差距，最终实现生态文明的区域协调发展战略目标。

③ 胡锦涛同志在“十七大”报告中强调：要建设生态文明，基本形成节约能源资源和保护生态环境的产业结构、增长方式与消费模式；循环经济形成较大规模，可再生能源比重显著上升，主要污染物排放得到有效控制，生态环境得到明显改善；生态文明观念在全社会牢固树立。

前各省不同的生态环境状况，对当前我国各省份的环境承载能力进行评估。

近年来国内外学者对环境承载力的研究多为以定性分析为主的理论探讨，虽然也有部分文献对环境承载力进行了相应的定量分析，但多集中于对单一省份或地区情况研究，缺少从全国层面对各省份环境综合承载力比较分析的研究①。

据相关数据统计显示，除东北地区环境承载力整体较差外，东中西三大区域都存在明显的分化，环境承载力高中低的省份都存在，且数量相对均匀。因此，要提升我国整体环境承载力，对于发达地区来说，必须认真审视“先污染，后治理”这一发展模式，正确处理经济发展与环境治理二者之间的矛盾，实现经济、社会与环境三者之间的协调发展。

事实上，对于一些综合环境承载力比较差的不发达地区，科学发展观更应该切合实际去落实，对于经济发展与生态环境建设的有机结合应该重视，以经济发展为基础，对污染排放的监管力度在一定程度上增强，对高耗能、高污染一些行业的过快增长进行有效的控制，把产业结构优化调整积极的推进，在大力发展生态经济的时候需要结合自身的特色和优势，对于传统产业升级需要积极推进，把“又好又快”发展在真正意义上去实现。在同一时间，因为全面小康社会的建设还包括广大落后地区的发展，因此落后地区的发展是至关重要的，中央政府应该实行向欠发达地区倾斜的积极政策，对西部地区的环境治理的投入增加，对资源性产品价格与环保税费改革起到推动性作用，对生态补偿机制在一定程度上去完善，把区域之间的差距缩小，实现生态文明的区域协调发展战略目标。

二、区域利益协调

（一）生态职能区划与生态补偿主体的确定

1. 生态职能区划

生态职能区划作为一种横向经济区划，为生态补偿主客体的确定提供了一个很好的思路。我们将在阐述生态职能区划的内涵、类型等基本问题的基础上，进一步阐明生态职能区划对于区域生态补偿的重大意义。

① 张可云等．生态文明的区域经济协调发展战略［M］．北京：北京大学出版社，2014.

（1）生态职能区划的概念与内涵。目前对于生态职能区还没有相关的阐述，与之接近的概念有生态功能区划、行政区划，但是差异还是比较大。生态职能区是生态职能区划的核心，因而首先应当对生态职能区进行定义。生态职能区是指以生态系统的保护和恢复为目的，打破行政区划界限，形成区域横向协调机制，有效行使政府生态职能的功能性区域。而生态职能区划是一个基于生态职能的区划，其目的是促进生态保护和政府生态职能的实施，依据的是生态系统的差异与联系和行政区划的差异与联系。基于以上考虑，将生态职能区划定义如下：生态职能区划是指根据生态服务功能空间分异与联系规律、区域分异与关联规律，将国土空间划分为不同的生态职能区。其目的是打破条块分割的部门管理体制，厘清生态系统中各政府的责任和权益，确保政府生态职能的有效行使，保护生态环境，维护环境公平和社会公平，促进区域协调，实现区域经济、环境和社会的协调、可持续发展。

（2）生态职能区划的内容。

第一，生态职能区划将生态系统的保护与恢复和政府的生态职能结合起来[①]。将生态系统的保护与恢复和政府的生态职能结合起来，既是政府职能转变的需要，也是生态环境保护的需要。若能保护生态环境，实现生态资本增值，不仅能达到人与自然和谐相处，也为经济社会的发展带来持久的生态支撑力，最终实现经济、社会和环境的全面、协调可持续发展。

第二，生态职能区划以生态服务功能空间分异与联系、区域分异与关联规律为依据，更偏重联系。由于区域之间存在物质流、能量流和信息流的联系，并由此导致区际之间生态服务功能的空间流转[②]。生态职能区划不仅注重生态服务功能和区域在空间上的差异性，将其分成不同类型的生态职能区，更注重区域生态系统之间的内部联系，尽最大可能保留这种联系，使之统一在一个生态职能区中，以便于区域内部的横向沟通和协调，达到区域生态系统的共建共享[③]。

---

① 政府的职能不仅仅包括促进经济发展、维护社会稳定和安全、保障人民生活，还应当包括保护生态环境。政府作为人类活动的重要主体之一，要对人类生存的环境承担相应的责任，不能只索取而不回报。政府应当履行生态职能，保护和修复生态环境，使其作为一种生态资本实现增值。

② 所谓生态系统服务功能的空间流转是指一些服务功能可能会通过某些途径在空间上转移到系统之外的具备适当条件的地区并产生效能，这是生态服务的自然过程和内在机理，也是生态补偿的内在依据。

③ 张可云等．生态文明的区域经济协调发展战略［M］．北京：北京大学出版社，2014.

第三，生态职能区划是一个混合性区划和引导性区划[①]。这意味着生态职能区划兼有类型区和功能区的性质，其不只停留于对区划的认知，还要对其内部活动进行引导。

第四，生态职能区划是一个宏观性区划[②]。这意味着生态职能区对国土空间进行划分，是从宏观层面上对生态系统保护和政府生态职能目标实现的引导和调控。

2. 生态职能区划的类型

区划的标准和方法不同，划分类型和结果也不一样。借鉴“核心—边缘”模型及自然保护区中的“核心区—过渡区—实验区”模式，可将生态职能区分为生态核心区[③]、生态辐射区[④]、生态边缘区[⑤]三大类型。

（二）区域生态补偿主体的确定

1. 生态职能区划与区域生态补偿

生态职能区划可作为区域生态补偿的区划基础，对于区域生态补偿的实施起着指导性作用。

第一，生态职能区划有利于识别区域生态补偿的利益相关方[⑥]。

第二，生态职能区划有利于实现区域生态补偿的内部化[⑦]。

第三，生态职能区划有利于区域生态补偿的横向协调。已有的生态补

① 从区划单元内在关联性可以将区域划分为类型区（均质区）区划、功能区（极化区）区划和混合区区划；按照区划的主导功能用途划分，可分为管理型区划、引导型区划、管制型区划和认识型区划。生态职能区划属于混合区划和引导性区划。

② 与微观性区划侧重措施管理不同，生态职能区是一个宏观性的区划，侧重目标管理。

③ 是指生态系统重点建设和保护，提供生态环境服务的区域，重点要保护完整的、有代表性的生态系统及其相应的完整生态过程。

④ 是指受到生态核心区生态系统影响和辐射，接受生态环境服务的区域。

⑤ 是指远离生态核心区，与其他生态职能区毗邻的区域。

⑥ 生态职能区划将国土面积划分为不同类型的生态职能区，各生态职能区内分别划定生态核心区、生态辐射区和生态边缘区。一般而言，生态补偿的主要主体是生态辐射区，生态边缘区也承担相应的生态补偿责任，生态补偿的客体则是生态核心区。如此一来，则能识别区域生态补偿的利益相关方（这里主要是指空间上的宏观识别，不包括微观地确定某个企业、个人为利益相关方），明确区域生态补偿的主客体，“谁补偿谁”的问题也得以解决。

⑦ 对于那些生态系统产权和利益享受者难以确定的，生态职能区划也能促进生态补偿的实现。因为生态职能区划将生态职能区作为一个整体，有利于实现区域生态补偿的内部化，减少生态补偿的交易成本。跨区域的生态补偿往往需要多次谈判磋商，不仅耗费大量的时间成本和金钱，而且效果也不尽如人意。在同一个生态职能区内进行生态补偿的责任、义务界定和补偿的协商较为容易，也能节省成本。

偿政策大都是纵向上的政府财政转移支付或者小范围区域的市场化探索，对于跨区域的生态补偿还没有形成一种有效的协调机制进行横向协调。生态职能区划以生态保护和修复为目标，打破行政区划限制，有利于区域间政府实现相互之间的协调，变竞争者为合作者，也有利于形成区域生态系统的共建共享机制。

第四，生态职能区划有利于区域政府生态补偿工作的开展。就目前来说，各级政府仍然是生态补偿的最主要利益相关方，生态补偿工作主要还是要依靠政府来开展，不管是促成横向的生态补偿协调机制，还是督促辖区内企业及公众的生态活动，即便是促成碳权、水权等交易平台的建设和管理，都需要政府在其中发挥积极的作用。而生态职能区划将生态保护和修复与政府的生态职能结合起来，有利于强化政府的生态责任意识，有利于政府正确认识辖区内的生态状况和自身定位、积极推进生态建设，从而有利于区域生态补偿工作的开展。

此外，生态职能区划是一个宏观性区划，以目标管理为主，建立在自然区划、行政区划、生态功能区划的基础上，是它们的有机结合，具有操作上的可行性。因而对于难以界定的生态补偿主客体问题，将会是一种新的解决思路。

2. 生态职能区划与区域生态补偿主体的确定

一般来说，国家、地方政府、社会及自身是区域生态补偿的主体。[①]国家补偿和自力补偿主体明确，比较容易实施，但是区域间补偿则比较难实施。目前的区域生态补偿机制缺乏区域间的协商机制和沟通交流平台，由于缺少行政区域间的“中间人”对利益相关方之间的矛盾进行调和，行政区域间自发性的生态补偿协议的达成和相关矛盾的解决显得非常困难[②]。

生态职能区划不仅为区域生态补偿的主体确定提供了依据，还明确了

---

① 国家补偿是指中央政府对生态建设付出努力的区域给予财政拨款和补贴；地方政府补偿也称区域间补偿，是指生态受益区向生态保护和建设区域提供的专项财政补贴；社会补偿是指各种形式的捐助、自然资源的开发利用者对生态恢复的补偿；自力（自我）补偿是指生态建设和保护区域对区内直接从事生态建设的个人和组织进行补偿。

② 特别是在生态资源所有者和受益者分离的情况下，各级政府同时作为所有者和受益者的代表，无疑应在生态补偿实践中承担着绝对主要的责任。政府应当成为生态补偿机制的总决策者，相关运作的管理者和监督者以及各利益主体间的协调者。

各类型区域政府的生态责任。生态核心区主要承担生态保护和修复的职能。[①] 生态辐射区主要承担生态服务付费的职能。区域内的政府应当把重心放在经济、社会发展上，同时保护好本区域内的生态环境、生态辐射区主要提供物质产品，用于交换生态核心区的生态服务产品（即付费）[②]。

除了政府之外，所涉及区域生态补偿的主体还包括区域的企业、居民户等所有经济主体，并且，他们在补偿中的地位、作用、经济利益关系不一样。如果引入第三方，还包括金融机构、非政府组织、环境评估机构等。这些主体是区域生态补偿中的微观主体，在政府的引导和监督下参与区域生态补偿。虽然生态职能区划中的各区域政府也可以作为生态补偿的微观主体，但是它们代表的是本区域的公共利益和诉求。

第四节　生态文明的区域经济协调发展政策

不管是对消费绿色化战略和生态经济化战略，还是生态制度创新战略和产业生态化战略，还有资源节约化战略和生态创新战略来说，只有等到有具体的关于这方面的政策了，这些战略才能发挥出其价值，否则再好的战略不落实也体现不出任何价值。

中华人民共和国成立后，我国的经济建设得到了突飞猛进的发展，取得了巨大的进步，综合国力也在不断进步。与此同时，环境保护以前是一个部门负责的，现在地位得到了提升，改由国家接管了，国家为此制订出了一些战略，环境问题也得到了大大改善。这所有的成就都是区域经济发展政策和生态环境保护政策赋予的。

如下是对政策演变的基本轨迹、发展政策的演变、政策实践的效果的详细论述。

---

① 区域内的政府应当把重心放在生态建设上，为生态辐射区和生态边缘区提供生态服务产品，并获得它们的补偿。如果生态核心区并没有对生态系统进行保护、修复，反而破坏生态系统，导致生态辐射区和生态边缘区都遭受到生态系统破坏带来的恶劣影响，如流域上游水源污染，造成下游水质型缺水，那么生态核心区不仅得不到生态辐射区和生态边缘区的补偿，反而应当给予它们补偿。

② 生态边缘区是不同生态职能区之间的过渡区域（或边缘性区域），与本生态职能区内的生态核心区的直接联系不太大（但也视情况而定，如森林类的生态职能区直接联系不大，但流域类型的生态职能区直接联系就比较大），除了承担部分生态服务付费的职能外，还可能作为另一生态核心区的边缘地带要承担部分的生态环境建设职能。

一、政策演变的基本轨迹

（一）环境政策的演变

1. 环境政策的历史发展过程

自从参加了由联合国于1972年在斯德哥尔摩举行的关于人类环境的会议之后，我国才开始意识到生态文明的重要性，于是就开始制订一些关于环境保护的政策。接着第二年（1973年）我国就关于环境保护问题首次召开工作会议，在这次会议中提出了一个含有32个字的方针："全面规划、合理布局、综合利用、化害为利、依靠群众、大家动手、保护环境、造福人民"。新中国成立以后，我国一直在不断发展和完善环境保护战略，从而使得环境政策也得到了相应的发展和完善。

2. 环境政策的阶段划分

关于经济、社会、环境的相互关系模型分类问题，不管是根据国外的研究来看还是国内的研究来看，都把经济、社会、环境的相互关系模型具体分为四种。接下来把诸大建于2008年关于经济、社会、环境的相互关系模型分类作为代表来具体研究一下。诸大建把经济、社会、环境的相互关系模型分成了如下表5-1所示的具体的四种。

表5-1　经济、社会、环境的相互关系模型

关系模型	主要观点
并重性（三个支柱）	发展就是加和的结果；经济增长优先，导致人类发展面临自然和社会的双重挑战
并重性关系（发展三角模型）	经济与环境之间：经济增长的规模问题和自然投入的经济效率社会与环境之间：社会发展的足够问题和生态享用的公平问题经济与社会之间：经济增长的公平分配和社会投入的效率问题
限制性关系（三重底线或三重圆圈）	生态规模制约着社会公平和经济效率，社会公平又制约着经济效率。经济效率是受到生态规模和社会伦理双重制约的
限制性关系的进一步拓展	政策优先的顺序：生态规模决定的足够问题→社会伦理决定的公平问题→经济发展决定的效率问题

资料来源：诸大建，2008。

从上述关于经济、社会、环境的相互关系的四种具体模型还有关于环境政策的历史发展过程来看，中华人民共和国成立以后，关于我国环境政策的演变可以分为如表 5－2 所示的三个阶段。

表 5－2　我国环境政策的演变过程

阶段	时期	经济、社会、环境的相互关系模型	环境政策的主要特点和取向	标志性举措
经济优先阶段	1978 ～ 1995 年	单支柱的政策发展阶段（经济包含社会与环境的反包含模式）	经济增长优先，社会与环境方面的政策相对经济政策明显弱化。环境政策以控制污染物排放和治理工业“三废”为主，注重末端治理	环境保护基本国策的确立
协调兼顾阶段	1996 ～ 2005 年	经济、社会、环境并列	加强工业污染控制，逐步从末端治理为主转到生产全过程控制。大力促进清洁生产	可持续发展战略的实施；科学发展观的提出
环境优先阶段	2006 年至今	环境引导社会、经济；经济、社会、环境的有效协调和融合	大力发展绿色经济、循环经济、低碳经济，加大环境保护力度，将污染减排作为约束性指标纳入国家发展规划	生态文明建设战略的提出

（二）发展政策的演变

1. 区域经济发展政策的历史发展过程

中华人民共和国成立以后，关于我国区域经济发展战略，从低水平的均衡发展到非均衡发展。进入 21 世纪，开始实施区域发展总体战略来推进西部大开发、振兴东北等老工业基地，中部的崛起对东部地区的经济率先发展起到了一定的促进作用，这样一来就进入了区域经济协调发展的新时期。

（1）让一部分地区先富起来。“让一部分地区先富起来”这个战略是由邓小平在 1985 年 10 月 23 日会见美国时代公司组织的美国高级企业代表团的时候提出的。“让一部分地区先富起来”意思就是说先让一部分地区、一部分人可以先富起来，然后才可以带动和帮助其他地区、其他的人，逐步达到共同富裕。为了贯彻和落实这个政策，我国采取了一系列向东部沿海区域倾斜的政策。具体体现在：对外开放向东部倾斜，设立经济特区和开放沿海城市；优惠政策向东部倾斜，扩大地方自主权；投资布局向东部倾斜，重视工业建设投资；体制改革向东部倾斜，成为改革试验区。

（2）西部大开发。“逐步加快开发西部地区”这个战略是由江泽民同志（那个时候他的职位是中共中央总书记）在1998年5月提出的。《中共中央关于国有企业改革和发展若干重大问题的决定》是于1999年9月在中共十五届四中全会中通过的，“国家要实施西部大开发战略”也被明确了。开始实施西部大开发战略的时间是1999年11月。西部大开发战略实施全面展开的时间是2000年1月。

（3）东部、中部、西部互动。开始正式实施振兴东北等老工业基地的战略是于2003年10月国家颁布《关于实施东北地区等老工业基地振兴战略的若干意见》以后。2004年3月，《政府工作报告》明确把促进中部地区崛起作为促进区域协调发展的重要方面，2006年4月，《中共中央国务院关于促进中部地区崛起的若干意见》正式出台，促进中部地区崛起也成为统筹区域协调发展的战略内容。2007年10月，中共十七大报告提出，对于区域发展总体战略的实施要继续，西部大开发要深入推进，对于东北地区等老工业基地要全面振兴，对于中部地区的崛起我们要大力促进，对于东部地区率先发展仍然给予积极的支持。

2. 区域经济发展政策的阶段划分

中华人民共和国成立以后，关于我国区域经济发展政策的演变过程可以分为如下表5-3所示的三个阶段。

表5-3　我国区域经济发展政策的演变过程

阶段	时期	政策的主要特点	标志性举措
区域经济非均衡发展	1978～1999年	梯度发展战略，效率优先：对外开放——向东部倾斜；优惠政策——向东部倾斜；投资布局——向东部倾斜；体制改革——向东部倾斜	让一部分地区先富起来，突出强调让东部沿海地区发展

（续表）

阶段	时期	政策的主要特点	标志性举措
区域经济协调发展形成期	2000～2003年	通过协调实现效率，效率优先，兼顾公平	西部大开发战略，突出促进地广人稀的西部地保护与发展
区域经济协调发展深入期	2003年至今	东中西互动、南北共进、优势互补、相互促进	深入推进西部大开发、振兴东北地区等老工业；大力促进中部地区崛起、积极支持东部地区率先；突出强调区域协调发展

资料来源：皱东涛，2008。

二、政策实践的效果

任何政策的实施结果都有好的一面也有不好的一面，接下来我们只对取得的好的一面的关于万元GDP能耗不断下降和工业“三废”治理取得成效以及主要污染物排放总量逐步得到控制这三个方面进行详细的介绍。

（一）万元GDP能耗不断下降

自从新中国成立以后，我国万元GDP能耗有了较大幅度的下降，如图5－5所示。其中，2008年，万元GDP能耗降到1吨标准煤以下，2010年初步核算数为0.82吨标准煤。但我国单位GDP能耗仍高出OECD国家平均水平20%。

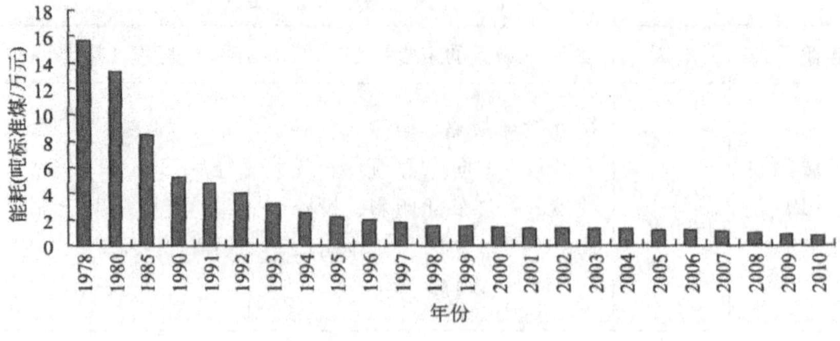

图5－5　1978～2010年中国万元GDP能耗变化情况

资料来源：中国统计年鉴（2010）和2010年度中国统计公报。

（二）工业“三废”治理取得成效

中华人民共和国成立以后，对于工业“三废”的治理，我国的环境政策是特别严格的。通过把一些废物处理干净并且加以整顿、关闭一些废物处理不合格的企业等措施，关闭废物处理不合格的企业就是从根本上切断源头，从而把污染控制住，减轻对环境的污染程度，最终使排出的废物符合规格。经过多年不断地努力，工业“三废”治理效率提高得非常明显，详情见表5-4。

表5-4　2001~2008年中国工业“三废”治理效率情况

指标 \ 年份（年）	2001	2002	2003	2004	2005	2006	2007	2008
工业废水排放达标率(%)	85.2	88.3	89.2	90.7	91.2	90.7	91.7	92.4
氧化硫排放达标率(%)	61.3	70.2	69.1	75.6	79.4	81.9	86.3	86.5
工业烟尘排放达标率(%)	67.3	75	78.5	80.2	82.9	87	88.2	—
工业粉尘排放达标率(%)	50.2	61.9	54.4	71.1	75.1	82.9	88.1	—
工业固体废物综合利用率(%)	52.1	51.2	54.8	55.7	56.1	60.2	62.1	64.3
工业固体废物处置率(%)	15.7	17.1	17.5	22.1	23.2	27.4	23.4	25.4
“三废”综合利用产品产值(亿元)	344.6	385.6	441	573.3	755.5	1026.8	1351.3	1621.4

资料来源：2001~2007年数据来自国家统计局；2008年数据来自全国环境统计公报（2008）。

（三）主要污染物排放总量逐步得到控制

图5-6所示的是我国工业的排放量情况。中华人民共和国成立以后，对于污染物排放怎样控制这个问题，我国的环境政策非常重视，把调整产业结构和强化监督管理结合起来，这样关于工业排放的污染就得到了有效的控制。尤其是在“十一五”规划纲要中把主要污染物排放总量减少10%

确定为经济社会发展的约束性指标以后，工业排放的污染取得了更明显的成就。

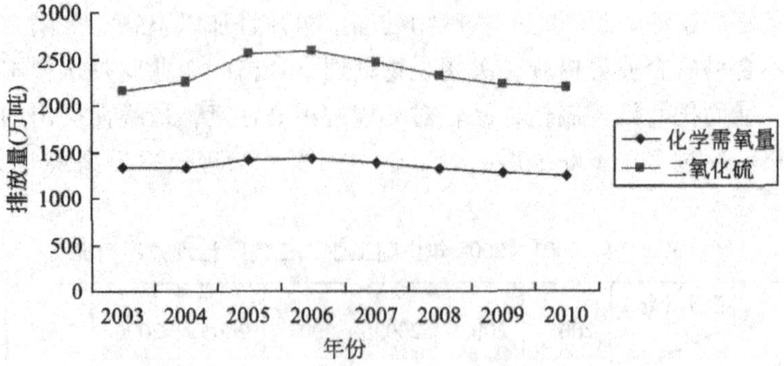

图 5－6　2003～2010 年我国主要污染物排放情况

资料来源：全国环境统计公报（2003—2008 年）和中国环境状况公报（2009—2010 年）。

参考文献

［1］陈前虎．多中心城市区域空间协调发展研究［M］．杭州：浙江大学出版社，2010.

［2］包健．区域经济协调发展中的政府作用［M］．北京：经济科学出版社，2009.

［3］陈映．论共同富裕与区域经济非均衡协调发展［M］．北京：人民出版社，2011.

［4］陈钊．在集聚中走向平衡——中国城乡与区域经济协调发展的实证研究［M］．北京：北京大学出版社，2009.

［5］欧向军，沈正平，王荣成．中国区域经济增长与差异格局演变探析［J］．地理科学，2006（6）：641—648.

［6］刘渝琳，冯其云．外资企业对外贸易与经济增长关系的区域差异分析——基于我国东部和西部地区面板数据的检验［J］．国际贸易问题，2007（3）：59—66.

［7］胡健．油气资源开发与西部区域经济协调发展战略研究［M］．北京：科学出版社，2007.

［8］毛新雅，李怡．区域协调发展的理论与实践［M］．北京：人民出版社，2012.

［9］李国平，王志宝．中国区域空间结构演化态势研究［J］．北京大学学报（哲学社会科学版），2013（3）：148—158.

［10］李恒．外资与产业集群作用下的区域经济协调发展［M］．北京：科学出版社，2012.

［11］方中权，余国扬．优化开发区域的空间协调机制研究：以珠江三角洲为例［M］．北京：中国经济出版社，2010.

［12］金相郁．中国区域经济不平衡与协调发展［M］．上海：上海人民出版社，2007.

［13］刘海涛．试论中国古代经济中心东移南迁的原因［J］．东方企业文化，2010（3）：190.

［14］景新，尹卫红．区域经济分析方法［M］．北京：商务印书

馆，2004.

［15］董才生．社会信任的基础：一种制度的解释［D］．吉林：吉林大学哲学社会学．

［16］潘峰华，贺灿飞．社会资本和区域发展差异［J］．学习与探索，2010（4）：143—148.

［17］彭月兰．促进区域经济协调发展的财政政策［M］．北京：中国财政经济出版社，2005.

［18］王珺．产业集聚与区域经济协调发展研究［M］．北京：经济科学出版社，2012.

［19］魏后凯．中国区域经济协调发展［M］．北京：中国社会科学出版社，2012.

［20］沈满洪．生态文明建设与区域经济协调发展战略研究［M］．北京：科学出版社，2012.

［21］刘生龙，王亚华，胡鞍钢．西部大开发成效与中国区域经济收敛［J］．经济研究，2009（9）：94—104.

［22］周鹏．区际经济协调发展与管制研究［M］．北京：中国经济出版社，2010.

［23］司正家，马海霞，姚维．新疆区域经济增长机制研究［M］．乌鲁木齐：新疆人民出版社，2005.

［24］沈玉芳．区域经济协调发展的理论与实践［M］．北京：科学出版社，2009.

［25］李本和．促进中部崛起与区域经济协调发展［M］．北京：人民出版社，2009.

［26］胡晓珍，杨龙．中国区域绿色全要素生产率增长差异及收敛分析［J］．财经研究，2011（4）：123—13.

［27］曾珍香．基于复杂系统的区域协调发展——以京津冀为例［M］．北京：科学出版社，2010.

［28］张孝锋，蒋寒迪．产业转移与区域协调发展研究［M］．北京：华龄出版社，2006.

［29］吉新峰．中国区域协调发展战略效应研究［M］．北京：经济管理出版社，2012.

［30］朱传耿．省际边界区域协调发展研究［M］．北京：科学出版社，2012.

［31］杨涛．促进我国区域协调发展的金融政策研究［J］．上海金融，2010（12）：47－51.